부흥의 불꽃을 일으킨 천재 신학자
조나단 에드워즈

Copyright © Christian Timothy George 2008
Originally published in English under the title

America's Genius

Published by Christian Focus Publications,
Geanies House, Fearn, Tain, Ross-shire, IV20 1TW, Scotland, U.K.
All rights reserved.

Korean Edition
© 2022 by Precept Korea
8-1, Cheongnyongmaeul-gil, Seocho-gu, Seoul, Korea

부흥의 불꽃을 일으킨 천재 신학자

조나단 에드워즈

크리스티안 티모시 조지 지음 | 박상현 옮김

묵상하는사람들
프리셉트

영원하신 왕 곧 썩지 아니하고 보이지 아니하고 홀로 하나이신
하나님께 존귀와 영광이 영원무궁하도록 있을지어다 아멘

디모데전서 1:17

차례

1. 자매들과 거미들 8
2. 습지에서의 기도 26
3. 음식 싸움 46
4. 부둣가 훈련 72
5. 되찾은 건강 94

6. 심판의 날 118
7. 각성 운동 144
8. 마지막 모히칸 168
9. 변화의 시간 190
10. 다시 사는 삶 212

더 생각해 보기 230
조나단 에드워즈 생애 요약 240
조나단 에드워즈 소개글 242
조나단 에드워즈 연대표 244
저자의 노트 246

자매들과 거미들

1711년, 코네티컷 주(Connecticut)
이스트 윈저(East Windsor)

조나단 에드워즈Jonathan Edwards는 집 뒤편으로 이어진 울창한 숲을 내달렸다. 오솔길에 줄지어 놓인 통나무들을 뛰어넘으면서 달릴 때, 그의 머리 위로 소나무 가지들이 스쳐 지나갔다. 그는 또래의 여덟 살 아이들보다 키가 크고 달리기가 빨랐다. 4명의 누나와 3명의 여동생, 총 7명의 여자아이들 사이에서 유일하게 혼자 남자아이로 자라는 것은 쉬운 일이 아니었다. 자매들은 언제나 여자아이들이 흥미를 느낄 만한 이야기를 했고, 집 밖에서 노는 것을 좋아하지 않았다. 조나단은 자매들이 수적으로 우세하지 않았다면 자신이 하고 싶은 대로 할 수 있었다는 것을 알고 있었다.

　조나단은 누나와 여동생들이 여전히 자신을 쫓아오고 있는지 확인하기 위해 뒤로 고개를 돌렸다. 그때 갑자기 발이 나무뿌리 끝에 걸렸고, 그는 얼굴부터 땅에 고꾸라졌다. 큰 소리와 함께 조나단은 땅에 얼굴을 부딪쳤다. 그는 머리 근처에 있는 커다란 바윗덩어리를 보며 '큰일 날 뻔했다'라고 생각했다. 조나단이 이렇게 넘어진 것은 처음이 아니었다. 자매들이 그를 칠칠맞다고 자주 놀려댔기에, 그는 이스트 윈저에서 몹시 야윈 소년이 될 수밖에 없었다.

　조나단의 시선 한편에서 무언가 움직이는 것이 보였다. 무릎에서는 피가 났지만, 거미줄을 타고 올라가는 크고 검은 거미를 관찰하기 위해 허리를 숙였다. 조나단은 거미를 좋아했다. 거미가 공중에 매달려 있는 방법을 좋아했고, 줄에 매달려 왔다 갔다 춤추는 듯한 모습을 사랑했다. 심지어 거미가 매우 체계적이고 질서정연하게 먹이를 먹는 방법조차 좋아했다. 그런데 이 거미는 그가 지금까지 본 것 중에 가장 큰 거미였다. 조나단은 이 순간을 위해 늘 종이와 펜을 갖고 다녔다. 그는 종이를 꺼내 거미의 모습을 빠르게 그렸다. 거미의 모든 것을 기록했고, 그날 자기 전에 그 그림을 다시 한번 살펴봤다. 햇빛에 은빛으로 반짝이던 가느다란 거미줄은 무척 신기했다.

조나단이 돌멩이로 거미줄을 망가뜨리기 전까지는 말이다.

****

"조나단! 아버지가 집에 오셨어!"

누나들이 멀리서 그를 불렀다.

조나단은 그 말을 믿을 수 없었다. 그는 곧장 집을 향해 달렸다. 그의 아버지 티모시 에드워즈Timothy Edwards 목사는 신대륙(편집자 주: 지금의 미국을 말한다) 북쪽 지역으로 원정을 나가는 군대의 목사로 복무하고 있었다. 뉴잉글랜드New England(번역자 주: 지금의 미국 북동부 지역을 말한다)는 10년 동안 프랑스와 전쟁 중이었고, 에드워즈가 어린 시절부터 인디언들이 코네티컷 주를 정복하기 위해 어떻게 프랑스 편에 섰는지에 관한 이야기를 들었다. 그의 가족들은 끊임없는 공포 속에 살았다. 어머니는 종종 인디언들에게 포로로 잡혀간 조나단의 삼촌인 존 윌리엄스John Williams를 위해 기도했다. 또한 어머니는 삼촌이 잡혀 있는 동안 인디언들에 의해 하나님의 품으로 간 숙모와 두 아이에 대해서도 늘 이야기하셨다.

조나단의 아버지는 자신의 가족을 매우 사랑했고, 가족에게 가장 좋은 것을 주기 원했다. 그는 집안의 규칙을 정하고 가족들이 지키도록 했다. 엄격하고 완벽주의자였던 아버지는 아이들에게 성경과 라틴어 그리고 청교도들의 역사를 가르쳤다.

"과거를 잘 알아야 미래를 대비할 수 있단다."

아버지는 자주 아이들에게 말했다. 한번은 조나단이 실수로 던진 돌이 창문을 산산조각냈다. 아버지는 야단치는 대신에 함부로 행동하지 말아야 하는 이유와 결정을 내리기 전에 그 중요성을 생각해야 하는 이유에 대해 차분히 설명해 줬다.

늦은 밤, 조나단은 아버지와 난롯가에 앉아 늦게까지 하나님에 관해 이야기를 나눴다. 조나단은 아버지를 매우 자랑스러워했다. 아버지는 젊었을 때 하버드 대학교에 다니셨고 복음을 설교하는 훌륭한 분이셨다. 주위의 어떤 설교자도 아버지보다 더 깊은 영적인 깨달음을 주는 사람은 없었다. 조나단은 항상 아버지께 신앙에 대해 끊임없는 질문을 던졌고, 아버지는 언제나 물음에 답을 주셨다. 단 한 가지를 빼고는 말이다.

"언제까지 전쟁에 나가 계실 거예요?"

조나단이 아버지께 물었다.

"아들아, 오직 하나님만 아시는 일도 있단다. 그리고 지금 그 질문도 그중 하나란다."

조나단의 어머니 에스터 스토더드 에드워즈Esther Stoddard Edwards 역시 훌륭한 분이었다. 그녀는 마을 학교의 선생님 이었는데, 남편처럼 똑똑하고 재치가 있었으며 무례함을 용납하지 않았다. 에드워즈 가족이 방 7개짜리 커다란 3층 집에 살기 시작하면서, 그녀는 집 안에 학교를 열겠다고 고집했다. 조나단은 이 같은 어머니로부터 배움에 대한 열정을 물려받았다.

****

말의 울음소리와 마차 바퀴 소리에 조나단은 다시 현실로 돌아왔다.

"아버지!"

아이들이 마차로 달려가며 소리쳤다. 군복을 입은 아버지의 모습이 조금 낯설었지만, 여전히 훌륭한 모습이었다. 아버지가 싱글벙글 웃으며 말씀하셨다.

"내가 선물을 갖고 왔단다."

조나단은 아버지가 주는 선물을 무척 좋아했다. 선물은 언제나 장난감이나 작은 기계장치 같은 것이었다. 한번은 시계를 선물로 받았는데, 조나단은 시계가 어떻게 작동하는지 보기 위해 모든 부품을 분리했다.

"짐 가방을 받으렴, 조나단. 떨어뜨리지 않도록 조심하고."

조나단의 어머니가 밖으로 달려 나와 남편을 끌어안았다. 남편이 살아 돌아오리라는 보장도 없는 전쟁터로 떠난 이후로 굉장히 길었던 2개월이 지났다. 어머니가 말했다.

"너무 보고 싶었어요. 아이들과 매일 밤 당신을 위해 기도했어요. 당신, 배고파요? 하인들에게 식사를 준비하게 할게요."

*****

가족들이 저녁 식사를 위해 큰 나무 식탁에 둘러앉았다. 조나단은 빨리 전쟁에 대해 듣고 싶었다. 식탁은 아버지와 어머니, 그리고 조나단과 엘리자베스Elizabeth, 에스더Esther, 앤Anne, 메리Mary, 유니스Eunice, 애비게일Abigail, 제루샤Jerusha가 편하게 앉을 만큼 컸다. 곧 식탁에 옥수수, 감자, 닭고기 음식이 차려졌지만, 조나단은 엄지손가락부터 손목까지 깊게 베인 자국이 난 아버지의 손에서 눈을 뗄 수가 없었다.

"어떻게 상처를 입었어요?"

조나단이 물었다.

"기도를 마친 후에 말해 주마."

아버지가 대답했다. 아버지의 상처를 보느라 고개를 숙이지 않은 조나단을 제외하고 가족들 모두 손을 잡고 고개를 숙였다.

"전능하시고 하늘과 땅의 창조자이신 하나님, 하나님께서 세상이 있기 전부터 존재하셨던 것을 우리가 믿습니다. 온 세상이 아버지의 손안에 있으며, 하나님의 권능 밖에서 일어나는 일은 없습니다. 오늘 밤 우리 가정과 마을을 안전하게 지켜 주시길 기도합니다. 악에서 우리를 보호하시며 우리의 생명이 하나님의 나라에 영양분이 되듯, 이 음식이 우리 삶에 영양분이 되게 하여 주옵소서. 예수님의 이름으로 기도합니다. 아멘."

조나단은 더는 참을 수 없었다.

"이제 말씀해 주세요. 아버지는 누군가를 죽이셨나요?"

아버지는 고개를 저었다.

"그렇지 않단다. 하지만 사람들이 죽는 것을 많이 봤단다. 좋은 사람들, 하나님을 믿는 사람들 말이다. 어떤 사람은 화살에 맞아 죽고, 어떤 사람은 창에 맞아 죽었단다."

"야만인들 같으니."

조나단의 어머니가 정색하자, 아버지가 말했다.

"아니에요, 우리 모두도 야만인이에요. 우리 중 누구라도 하나님의 은혜가 없었다면 어땠겠어요? 그 모히칸족Mohicans은 그저 우리와 같이 가족과 아이들을 돌보며 살아가는 민족이에요. 나는 하나님께 그들을 위한 아주 특별한 계획이 있다고 믿어요."

"그럼 상처는 어떻게 된 거예요?"

조나단이 끼어들었다.

"듣지 않는 게 좋을 텐데."

아버지가 손을 보이며 말했다. 조나단의 누나와 여동생들은 상처를 보자 비명을 질렀다. 하지만 이내 아이들은 아버지에게 이야기해 달라고 조르기 시작했다.

"추운 아침이었단다. 얼마나 추웠는지 아직도 피부에 한기가 느껴질 정도였단다. 새벽 5시 즈음에 한 사람이 소리 지르는 것을 들었어. 텐트에서 뛰어나가 보니 모히칸족 무리가 우리 진영에 화살을 쏘고 있는 게 보였단다. 몇몇 장교들이 화살이 날아오는 방향을 향해 총을 쐈지만, 인디언들은 계속해서 돌진해 왔단다. 나는 급히 텐트로 들어와 무릎을 꿇고 기도했단다."

"인디언들은 어떻게 생겼어요?"

애비게일이 물었다.

"몇몇은 머리카락을 밀고 머리에 빨간색 물감을 칠했어. 다른 사람들은 우리와 비슷하게 생겼어. 현대식 옷을 입고 가죽 신발을 신었단다."

"그다음에는 어떻게 됐어요?"

조나단이 이야기를 방해하는 애비게일을 째려보며 물었다.
조나단의 아버지는 눈을 감았다.

"갑자기 날카로운 것이 공중에서 날아왔단다. 그것은 색색의 깃털이 달렸고 빛에 반짝였지. 미처 피할 새도 없이 순식간에 벌어진 일이었단다. 그리고 내 오른손에 통증이 느껴졌지."

아버지는 식탁 아래로 손을 뻗어 가죽 가방을 꺼냈다. 그리고 아이들에게 물었다.

"내 손에 상처를 낸 것이 뭔지 보고 싶니?"

조나단과 자매들은 고개를 끄덕였다. 아이들의 어머니도 궁금했다. 아버지는 가방에서 커다란 도끼를 꺼내 식탁 위에 올려놓았다.

"이건 토마호크(번역자 주: 인디언들이 쓰는 큰 도끼다)라고 불리는 도끼란다. 조나단 너를 위해 갖고 왔단다. 하지만 이걸 친구들에게 휘두르지 않겠다고 약속해야 한다."

"약속해요."

조나단은 토마호크를 잡으며 대답했다. 그것은 예상한 것보다 무겁고 빛이 났다. 그는 나무 손잡이부터 꼭대기에 끈과 깃털이 달린 날카로운 돌까지 천천히 손으로 만지며 살펴봤다. 지금까지 이렇게 흥미로운 물건을 본 적이 없었다.

"성경이 토마호크 도끼 같다고 말한 적이 있던가?"

아버지가 물었다. 조나단이 받은 선물을 부러워하고 있던 아이들은 고개를 저었다.

"하나님의 말씀은 강력한 무기란다."

아버지는 성경책을 펴셨다.

> "하나님의 말씀은 살아 있고 활력이 있어 좌우에 날선 어떤 검보다도 예리하여 혼과 영과 및 관절과 골수를 찔러 쪼개기까지 하며 또 마음의 생각과 뜻을 판단하나니" 히브리서 4:12.

"제가 보기에 성경책은 그렇게 날카롭지 않아요."

메리가 마지막 남은 감자 한입을 먹으며 말했다.

"성경책의 모양이 날카롭다는 말이 아니란다. 성경이 주는 메시지가 날카롭다는 뜻이야. 하나님은 이 책을 통해 우리에게 하나님의 뜻을 말씀하시고, 우리가 어떻게 행동하고 생각해야 하는지 가르쳐 주신단다. 문제는 우리가 그 말씀을 제대로 듣지 않는다는 거야. 우리는 하나님을 등지고 우리의 즐거움을 쫓는단다. 하지만 성경은 그 모든 것을 잘라 내지. 성경은 우리의 거만함을 잘라 내고 하나님께서 우리를 죄에서 구하기 위해 예수님을 보내 주셨다는 것을 말씀한단다. 우리는 예수님을 믿음으로써 죄 사함을 받고 천국에 들어갈 수 있어."

조나단은 아버지가 어떻게 모든 것을 영적인 눈으로 보시는지 놀라웠다. 조나단과 아버지는 집 앞에 있는 코네티컷 강을 따라 걸으며, 갈릴리 바다를 잠잠하게 하시고 꾸짖어 물을 잔잔하게 하신 예수님을 생각했다. 한번은 아버지가 말씀하셨다.

"우리의 조상들이 하나님께 자유롭게 예배하기 위해 순례자처럼 이 신대륙으로 여행을 떠난 사실을 절대 잊으면 안 된다. 마찬가지로 너도 천국으로 가는 순례자란다. 그곳에는 또 다른 삶이 기다리고 있고 천국이 진짜 너의 집이란다."

"그래서 인디언들의 공격에서 어떻게 탈출하셨어요?"

메리가 물었다.

"아슬아슬하게 탈출했지. 거대한 폭풍이 일고, 바람과 비가 매우 세차게 내려서 우리 군은 후퇴할 수 있었단다. 그날 우리는 많은 군사를 잃었지. 하지만 모히칸족도 마찬가지였어. 군대에서는 내가 손에 상처를 입자 예상한 것보다 일찍 집으로 돌아갈 수 있도록 허락했단다."

"일찍 돌아올 수 있도록 인도해 주신 하나님께 감사해요."

아버지의 말이 끝나자 어머니가 말했다.

"그곳에서 내가 한 가지 배운 게 있다면, 전쟁과 폭력은 몹시 끔찍한 것이라는 사실이란다. 얘들아, 나는 하나님께 내가 겪은 일을 너희들이 겪지 않게 지켜 달라고 기도한단다."

****

조나단은 폭력에 대해 잘 알고 있었다. 그의 할머니는 비도덕적인 삶을 살았고, 증조모는 갓 태어난 아기를 죽였으며, 증조부는 도끼로 사람을 죽인 살인자였다. 그렇지만 조나단은 예수님을 의지하는 데서 오는 보이지 않는 평안함을 느꼈다. 조나단은 그날 아침 숲에서 발이 걸려 큰 바위에 머리를 부딪칠 뻔한 일을 떠올렸다. 그는 밤에 일기장에 글을 썼다.

<u>하나님께서 특별한 이유를 갖고 나를 지켜 주고 계신다. 그 이유는 내 머리로 이해할 수 있는 것보다 훨씬 더 위대한 일이다.</u>

모두가 잠자리에 든 후에도 조나단은 촛불을 켜고 성경을 읽었다. 그는 자주 이렇게 늦게까지 성경을 읽었다. 부모님이 시켜서가 아니라 스스로 하나님을 더 알고 싶었기 때문이다. 그는 아침에 그린 거미 그림을 꺼내 바라봤다. 조나단은 목을 가다듬고 거미를 바라보며 설교자가 된 것처럼 말했다.

> "하나님을 잊어버리는 자의 길은 다 이와 같고 저속한 자의 희망은 무너지리니 그가 믿는 것이 끊어지고 그가 의지하는 것이 거미줄 같은즉" 욥기 8:13-14.

조나단은 거미줄이 어떻게 작은 돌멩이로 망가졌는지를 떠올렸다. 부모님은 자주 세상적인 것들은 신뢰할 수 없고 헛되다고 말씀하셨다. 그는 거미줄보다 더 안전한 보호처 즉 자신의 인생을 기댈 피난처가 필요했다. 조나단은 하나님께서 자기 삶의 주인이 되어 주시길 원했다. 그날 밤에 그는 예수님을 자신이 기댈 수 있는 거미줄로 모시고, 이 세상에서 순례자처럼 살기로 결심했다. 그리고 일기장에 이렇게 적었다.

나는 평생을 하나님의 발자취가 이끄시는 대로 어디든지 따르며 가벼운 마음으로 여행할 것이다. 하나님께서 나와 함께 걸으실 것을 알기 때문이다.

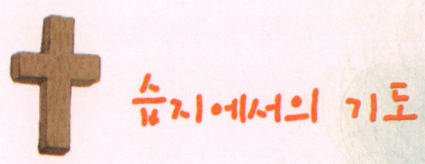

습지에서의 기도

1712년, 코네티컷 주, 이스트 윈저

"『죄인의 괴수에게 주시는 넘치는 은혜』라는 유명한 책을 누가 썼을까?"

선생님이 질문할 때 조나단은 의자에 늘어져 있었다. 학생들은 서로를 쳐다보며 답을 아는 사람이 있는지 살폈다. 조나단은 답을 알고 있었지만 아무 말도 하지 않았다. 그는 언제나 모르는 것이 없었다. 조나단의 머릿속은 수많은 답으로 가득 찬 미로였고, 그는 어렵지 않게 머리에서 답을 꺼냈다.

"존 번연 John Bunyan."

그가 작게 중얼거렸다. 하지만 조나단의 마음은 이미 집 근처 습지에 가 있어서 온전히 수업에 집중할 수 없었다. 조나단은 숲을 사랑했다. 그는 곤충들이 나무에서 나무로 날아다니는 모습을 사랑했고, 오래된 책 냄새 같은 습지 냄새를 사랑했다. 지난주에 그는 숲속에 하나님과 대화할 수 있는 기도 오두막을 하나 지었다. 때때로 친구들도 그곳에 데려갔지만, 친구들은 오두막 안에서 노는 것에 더 관심이 있었다.

"누가 존 번연의 책에 대해 말해 볼 수 있겠니?"

선생님이 다시 물었다.

"허가 없이 복음을 전했다는 이유로 감옥에 갇힌 영국인 설교자의 자서전이에요."

조나단이 큰 소리로 말했다. 선생님의 질문에 그의 정신이 교실로 돌아왔다. 모두가 그의 대답에 놀랐다. 선생님은 조나단의 어머니였고, 그를 자랑스러워했다. 어머니는 조나단에게 사역자들도 모르는 청교도들의 고전을 가르쳤다. 어머니는 아들의 재능을 잘 알고 있었다. 조나단은 종교뿐만 아니라 철학이나 역사와 관련된 다양한 지식을 갖추고 있었다. 그는 한마디로 천재였다.

"오늘은 여기까지다."

선생님이 수업을 마치며 학생들을 해산시켰다. 하나둘씩 책을 들고 조나단의 집을 나섰다. 학교가 집인 조나단은 멀리 나갈 필요가 없었지만, 자기 방으로 가는 대신 일기장을 들고 습지로 향했다.

✳✳✳✳

강을 따라 걷는 조나단의 머리 근처에서 파랗고 통통한 풍뎅이가 윙윙거렸다. 발밑에 진흙이 질퍽거렸지만 크게 상관하지 않았다. 조나단은 생각했다. '아담과 하와는 원래 동산에서 살도록 창조됐어, 집이 아니라.' 조나단은 자연을 사랑했다. 그는 바람이 숲을 휩쓸고 지나가는 모습이 보기 좋았다.

눈과 얼음은 말할 것도 없고, 구름과 비 같은 것들이 그의 호기심을 자극했다. 조나단은 그가 발견하는 모든 창조물을 연구하고 싶었다. 특히 나무껍질에 사는 붉은 딱정벌레와 나무를 기어오르는 거대한 도마뱀을 연구해 보고 싶었다. 한번은 노란 애벌레를 잡아서 다리가 몇 개인지 세어 보기까지 했다. 조나단에게 있어서 자연은 지구상에 존재하는 천국이었다. 그는 가족이나 친구들과 함께 있는 것보다 털이 보송보송한 생물들 주변에 있는 것이 더 즐거웠다.

　기도 오두막을 짓는 일은 쉽지 않았다. 그는 신문 기사에서 통나무집 짓기에 대한 정보와 계획을 얻었고, 일기장에 설계도를 그렸다. 그리고 기도 오두막을 짓기 위해 몇 주 동안 나무를 자르고 판자에 망치질을 했다. 스스로가 정한 기준에 맞는 완벽한 오두막을 짓고 싶었고, 어느 하나 모자란 부분도 용납할 수 없었다. 조나단은 통나무 사이에 바람이 새는 것을 막기 위해 진흙과 풀과 물을 한데 섞었고, 창문을 설치할 자리를 남겨 둔 채 통나무들을 끼워 맞췄다. 그리고 나무 십자가를 만들어 오두막 꼭대기에 달아 기도 오두막 짓는 일을 마무리했다. 조나단은 생각했다. '이건 신대륙에서 가장 훌륭한 기도 오두막이야. 어쩌면 세계에서 제일일지도 몰라.'

　조나단은 기도 오두막 안으로 들어가 재빠르게 문을 닫았다. 교

실 바깥에 나와 있자니 기분이 좋았다. 오두막 안은 쌀쌀했지만 어딘가 편안했다. 신대륙의 가을은 언제나 쌀쌀했고, 겨울이면 습지는 꽁꽁 얼어붙어 혼자 숲에 들어가는 것은 매우 위험한 일이었다. 하지만 조나단은 더운 날씨보다 추운 날씨를 좋아했다. 그는 언젠가 아버지가 하셨던 설교를 기억했다. 아버지는 청중들에게 이렇게 물으셨다.

"여러분은 30분 동안 뜨거운 불을 참을 수 있습니까? 만일 그렇지 않다면 어떻게 평생을 지옥에서 뜨거움을 참으며 사시겠습니까?"

그날 여러 사람이 자신의 삶을 하나님께 드렸고, 그 이후로 조나단은 더운 날씨를 좋아하지 않게 됐다. 조나단은 일기에 이렇게 적었다.

나는 하나님께서 그날에 하나님을 나의 삶에 부어 주신 것 같다고 느꼈다. 하나님은 내게 은혜를 부어 주셨고, 그분의 영광을 보여 주셨다.

조나단은 오두막 안 앞쪽에 만든 작은 신도석에 무릎을 꿇

고 기도하기 시작했다.

"하나님 아버지, 어제 메리와 싸우고 제 자존심을 앞세운 것을 용서해 주세요. 하나님은 그런 모습이 저의 가장 약한 부분인 걸 아시죠."

****

갑자기 문이 획 열렸다.

"서둘러, 어서 문을 닫아."

학급 친구 하나가 다급히 소리쳤다.

"싫어, 네가 닫아."

다른 친구가 말했다.
소란스러운 소리에 조나단이 감았던 눈을 떴다.

"너희 둘 다 여기서 뭐해? 내가 기도하고 있는 거 안 보여?"

"마녀가 우리를 쫓아왔어. 마녀가 숲을 지나오는 내내 우리를 쫓아왔다고."

조나단이 일어서서 창문 밖을 내다봤다. 친구들이 그를 바닥으로 잡아당기며 말했다.

"안 돼. 마녀가 너를 볼 거야. 마녀는 사악한 초록 눈을 가졌는데, 한 번만 쳐다봐도 영원히 저주에 걸린대. 얼마 전에 세일럼salem(번역자 주: 마녀재판이 있었던 매사추세츠의 한 도시다)에서 일어난 일 기억하지?"

조나단도 기억하고 있었다. 부모님이 종종 요술을 부리던 한 여자가 고발당해 사형선고를 받은 사건에 대해 말씀해 주셨다. 조나단은 이 이야기에 의심을 품고 있었다. 그는 과학적인 지식을 총동원해 세일럼의 미신적인 법을 이해해 보려고 애썼다. 하지만 그는 겨우 아홉 살이었기에 친구들의 말을 완전히 무시할 수 없었다.

"마녀가 얼마만큼 가까이 쫓아왔어?"

조나단이 물었다.

"그렇게 멀리 있지 않았어. 마녀는 커다란 검정 모자를 쓰고 빗자루를 들고 있었어. 내 생각에 날고 있었던 것 같아."

친구가 대답했다.

"그건 불가능해."

조나단이 말했다.

"마녀는 가능하지. 잠깐, 마녀 소리가 나는 것 같아."

세 친구들은 숨을 멈추고 신도석 밑으로 웅크리고 들어갔다. 발걸음 소리가 점점 가까워졌다. 조나단은 마녀가 창문에서 보이지 않게 다리를 숨겼다. 그는 오두막 안에서 하나님의 보호막으로 둘러싸인 듯한 느낌을 받았다. 하지만 친구들은 그의 곁에서 덜덜 떨고 있었다.

"망했어. 우린 모두 끝이야."

친구 중 하나가 말했다.

창문을 통해 오두막 안으로 밝은 햇빛이 반짝이며 비치고 있었다. 조나단이 용기를 내서 슬쩍 밖을 엿봤다.

"뭐가 보였어?"

친구들이 속삭였다.
조나단의 눈이 두려움으로 커졌다.

"검은 모자."

겁에 질린 조나단이 대답했다.
그때 무엇인가 문의 빗장을 긁었다.

"하나님, 도와주세요."

조나단의 친구 중 하나가 외쳤다.

"마녀가 안으로 들어오려고 해! 제발 우리에게 저주를 걸지 마세요!"

아이들은 문이 열리자 눈을 질끈 감았다. 꼿꼿하게 선 여자가 긴 빗자루를 들고 오두막 안으로 걸어 들어왔다.

"왁!"

여자가 손을 머리 위로 흔들면서 소리쳤다. 조나단은 눈을 뜨고 일어서며 외쳤다.

"예수님의 이름으로 명하노니, 물러가라!"

그 순간 마녀가 웃으면서 바닥에 쓰러졌다.

"메리? 메리 누나야?"

조나단이 물었다.
메리는 웃음이 터져서 멈출 줄을 몰랐다.

"네 얼굴을 너도 봐야 하는데. 너는 정말로 내가 마녀라고 생각한 거야?"

메리가 크게 웃으며 말했다.
조나단의 친구들은 누나보다 더 심하게 웃어댔다.

"너 진짜로 속아 넘어갔구나, 조나단."

"뭐라고? 그럼 너희는 알고 있었어?"

조나단의 물음에 친구들은 고개를 끄덕이며 메리와 함께 오두막 밖으로 도망갔다. 조나단은 화가 머리끝까지 났다. 너무 화가 나 기도할 수 없게 된 조나단은 밖으로 뛰어나갔다. '언젠가는 이 마을을 떠나고 말 거야. 그리고 이 사람들을 다시는 보지 않을 거야.' 그는 습지를 막 벗어나는 누나와 두 친구를 보며 소리 질렀다.

"이 죄 있는 영혼들, 언젠가는 이 대가를 치르게 될 거야!"

****

조나단은 자신도 죄인이라는 사실을 알고 있었다. 그 사실을 뼛속 깊이 느꼈다. 조나단은 욱하는 성질과 독설을 내뱉는 행동으로 아버지께 자주 꾸짖음을 받았다. 부모님은 몇 년간

아들이 하나님의 사람으로 자라게 해 달라고 기도했고, 누군가가 조나단이 설교자가 될 것이라고 예언하기도 했었다. 조나단은 이 사실을 몰랐지만, 안에서 내면의 전쟁이 일어나고 있음을 확실히 느꼈다. 한편으로는 가서 자신을 놀린 친구들에게 달려들고 싶었지만, 다른 한편으로는 그들을 용서하려 했다. 그는 기도했다. '하나님, 제 분노를 착한 마음으로 바꿔 주세요. 하나님도 종종 제게 화가 나시겠지만 정의보다는 자비를 베풀어 주세요.'

설교자의 아들로 산다는 것은 힘든 일이었다. 작은 마을의 모든 사람이 조나단의 행동과 태도를 유심히 살피고, 그의 행동을 다른 소년들보다 더 엄격히 판단했다. 그래서 조나단은 사람들 주변에 있는 것을 피하고 숲속에서 혼자 있는 것을 더 좋아했다.

그곳이 그가 하나님의 목소리를 가장 잘 들을 수 있는 곳이었다. 그곳에서는 아무도 그를 판단할 수 없었다. 그는 화가 날 때면 부드럽게 살랑거리는 나뭇잎을 보며 마음을 진정시켰다. 조나단은 자연을 통해 예수님의 능력을 봤다. 자라는 풀잎을 보면 하나님께서 작고 하찮은 것들까지 돌보신다는 사실을 깨달았다.

✳✳✳✳

조나단은 나무 그늘에 앉아 '만일 하나님께서 사람들이 밟고 지나가는 잔디조차 보살피신다면, 나는 얼마나 잘 돌봐 주시겠어?'라고 생각했다. 그러자 금세 마음이 평안해졌다. 조나단은 이 나무를 좋아했고 자주 와서 나뭇가지 아래로 기어 다니는 곤충들을 연구했다. 빛이 나뭇잎 사이사이로 비치며 춤을 췄고, 그의 얼굴에 스치듯 그늘을 만들어 냈다. 이곳이 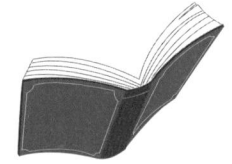 조나단이 책을 읽으러 가는 공간이었다. 조나단은 자신의 나이에 읽을 수 있는 책을 모두 읽었다. 그는 훌륭한 책이 한 조각 금보다 더 좋았고, 최신 지식을 얻기 위해 과학 소논문도 읽었다.

조나단은 학교 가방에서 새로 나온 소논문을 꺼냈다. 바로 아이작 뉴턴Isaac Newton의 「중력 이론」이었다. 조나단은 꼼꼼하게 글을 읽었다. '깊은 사색가이자 물리학자 아이작 뉴턴은 사과나무 밑에 앉아 있는 동안 중력 이론을 발견했다.' 글을 다 읽고 난 후에 조나단은 돌을 하나 주워 최대한 세게 던졌다. 과학적 시각으로 돌이 공기 중으로 날아올랐다가 땅으로 떨어지는 것을 지켜봤다. 그는 다른 돌을 하나 더 던졌고, 이번에는 돌이 떨어지는 포물선을 일기장에 그렸다. '중력.' 그

는 생각에 잠겼다. '굉장히 흥미로운 단어야.'

그날은 흥미로운 것들이 많았다. 위대한 영국인 저자 존 로크John Locke가 문학계를 지배했다. 독일인 수학자 고트프리트 빌헬름 라이프니츠Gottfried Wilhelm Leibniz는 미적분을 발명하느라 바빴고, 요한 제바스티안 바흐Johann Sebastian Bach는 그의 최고의 걸작을 다듬고 있었다. 주제가 얼마나 복잡한지와 상관없이 조나단은 각 분야의 주제들을 터득하고 싶어 했다. 학교 공부를 하지 않을 때면 그는 시를 쓰거나 음악을 연주했다. 한번은 '조화'라는 단어를 일기장에 적었다.

<u>조화는 모든 것에서 찾을 수 있다. 노래 악보에서부터 복잡한 방정식의 숫자에까지. 하나님은 지구를 논리적이고 질서정연하게 창조하셨다.</u>

조나단은 나무에 등을 푹 기댄 채 생각나는 대로 말했다.

"만일 내 밖에 중력이 존재하고 나를 지구에 잡아 놓고 있다면, 아마도 중력은 내 안에도 존재할 거야."

그는 성경책을 꺼내 로마서를 펼쳤다.

"다 치우쳐 함께 무익하게 되고 선을 행하는 자는 없나니 하나도 없도다" 로마서 3:12.

조나단은 그 구절을 깊이 묵상했다. '선을 행하는 사람이 한 명도 없다면 모든 사람의 마음속에 선을 행하는 일을 막는 공통된 힘이 존재하는 게 분명해. 죄의 중력처럼.' 조나단은 전에는 죄에 대해 이렇게 생각해 본 적이 없었지만, 이것이 사실처럼 느껴졌다. 친구들이 그를 놀릴 때마다 그는 이 중력을 느꼈다. 아침에 성경책을 읽는 대신에 침대에 누워 시간을 보낼 때마다 그는 이 중력을 느꼈다. 심지어 교회에서도 예수님 생각에서 멀어져 세상 것들을 생각할 때 이 중력을 느꼈다.

이런 생각에 빠져 있을 때, 거미 한 마리가 나뭇가지에서 내려왔다. 거미는 거미줄에 매달려 바람에 흔들리고 있었다.

"너는 정말 매력적인 피조물이야. 어쩌면 네가 죄의 중력을 이해하게 도와줄 수 있겠어."

땅에서 가느다란 나뭇가지 하나를 주운 조나단은 거미를 매

달고 있는 줄을 건드리며 놀았다. 그는 일기장에 실험을 기록하기 위해 몇 초마다 멈췄다. 그리고 일기장에 적었다.

거미줄은 매우 약하다. 거미를 가지에서 분리하는 것은 아주 적은 노력으로 가능하다.

조나단은 존 번연의 책 『죄인의 괴수에게 주시는 넘치는 은혜』를 떠올렸다. 이 책은 그가 좋아하는 책이었다. 그는 존 번연이 얼마나 죄의 중독과 하나님을 떠나 방황하는 것에 대해 정직하게 썼는지 생각했다. '그 죄목에 가장 어울리는 사람은 내가 확실한데, 어떻게 존 번연 목사님이 죄인 중의 괴수가 될 수 있겠어?' 조나단은 그가 부모님 말씀을 안 듣고 거짓말을 한 기억들을 떠올렸다. 그는 자신의 이기심과 교만함에 대해 생각했다. '나는 지옥 불 위 한 가닥 실에 매달려 있는 거미야.'

****

숲을 되돌아 걷던 조나단은 기도 오두막 앞에서 멈춰선 채로 기도했다. '하나님, 우리를 지옥 불에 떨어지지 않도록 해 주심은 하나님의 은혜가 분명합니다. 우리를 매달고 있는 줄을 언제라도 끊으실 수 있음에도, 또 우리가 아무것도 붙잡을 것이 없을 때도 우리를 붙잡고 계십니다. 하나님은 바람과 마녀에게서 우리를 지켜 주시는 거미집이십니다. 하나님은 이 세상의 모든 것이 그릇되고 악할 때 우리를 안전하게 지켜 주십니다. 하나님은 예수님을 사람의 모양으로 세상에 보내심으로, 우리를 구원해 주셨습니다. 그로 인해 저는 예수님을 찬양합니다.'

  조나단은 메리가 그를 놀라게 하려고 가져온 빗자루를 집어서 오두막의 더러운 것들을 쓸어 버렸다. 빗질을 할 때마다 그는 자신의 삶에서 하나님과 멀어지게 만든 정결하지 못한 것들을 고백했다. 그는 아무것도 숨기지 않았다. 어떤 죄도 가벼운 것이 없었다. 그는 더 고백할 말이 없어질 때까지 하나님 앞에 그의 마음을 쏟아 냈다. 오두막 안에 먼지가 한 점도 남지 않게 됐을 때, 조나단은 숨을 크게 들이쉬고 집으로 향했다. 진흙투성이 땅을 밟는 걸음이 힘겨웠지만, 그의 영혼은 어느 때보다 깨끗해진 기분이었다. 그러고 나서 조나단은 메리를 보고 있는 힘껏 안아 줬다.

1721년, 코네티컷 주, 웨더즈필드 학교 내 식당

"아야!"

머리에 감자를 맞은 조나단이 외쳤다. 열일곱 살이 된 조나단은 이런 행동이 옳지 않다는 것을 알고 있었다. 피해서 숨는 조나단의 눈에 공중을 날아다니는 브로콜리와 호박이 보였다. 닭고기 수프와 과일 주스가 창문으로 튀었다. 식당 전체가 전쟁터가 됐고, 모든 학생이 전쟁에 참여하고 있었다. 학생 임원이었던 조나단은 친구들이 서로의 머리에 체리 파이를 묻히고 있는 테이블 밑으로 몸을 숨겼다.

"너희들이 하는 행동은 정말 동물 같아. 너희랑 뭘 할 수 있겠어."

조나단이 친구들에게 말했다.

"너는 정말이지 놀 줄을 몰라!"

엘리샤 믹스Elisha Mix가 그에게 오이를 던지며 말했다.

"나는 음식 던지는 기술을 배우려고 학교에 온 게 아냐. 내 마음을 단련하려고 온 거지."

조나단이 자신의 팔에 달라붙은 옥수수 조각을 떼어 내며 대답했다.

엘리샤는 그해 조나단과 기숙사 방을 같이 썼는데, 조나단이 책을 읽을 때 그는 매일 밤 나가서 놀았다. 조나단은 뛰어난 언어 실력으로 열세 살에 대학교에 입학할 수 있었다. 대학교에 입학하는 나이가 일반적으로 열여섯 살이었는데, 엘리샤는 조나단이 3년이나 일찍 조기 입학을 할 만큼 똑똑하다는 사실을 질투했다. 하루는 조나단이 아버지께 편지를 보냈다.

하나님의 선하심으로 인해 저는 엘리샤가 떠드는 소리에서 완전히 벗어났습니다. 그 역시 저처럼 사역을 위해 훈련받고 있지만, 제 나이의 반밖에 안 되는 아이처럼 행동합니다. 엘리샤와 함께 시간을 보내면 보낼수록 다른 사람들과 시간을 보내고 싶어집니다.

두 소년은 여러모로 보아 친한 친구는 아니었지만, 서로를 참아야 했다. 조나단은 이제 석사 수준의 연구를 마무리하고 있었다. 그는 하나님과 자연에 대해 더 알고 싶었다. 그의 명석한 사고에는 끝이 없었다. 조나단의 친구들이 대부분 그보다 나이가 많았지만, 친구들은 그가 늘 책에 코를 박고 있는 모습을 싫어했다.

"도대체 이게 무슨 일이니?"

선생님 한 분이 식당으로 걸어 들어오며 엄하게 말씀하셨다. 그때 마침 엘리샤가 칠면조 다리를 던졌는데, 하필 그게 선생님의 얼굴에 맞았다. 엘리샤가 자신이 저지른 짓을 깨닫는 동시에 식당 전체가 잠잠해졌다.

"누가 던진 거지?"

선생님의 물음에 모두 입을 다물었다. 그 순간 조나단이 조용히 일어나서 손가락으로 엘리샤를 지목했다. 엘리샤의 얼굴이 험상궂게 변했다.

"언젠가 이 빚을 갚겠어, 조나단."

엘리샤는 선생님에게 귀를 잡힌 채 복도로 끌려 나가면서 말했다.
조나단은 그날 오후에 일기를 썼다.

나는 열일곱 살밖에 되지 않았지만 내 인생에서 낭비할 시간이 없다. 배워야 할 것들이 너무 많고, 겪어야 할 모험들이 너무 많다. 시간은 매우 소중한 것이며 하나님은 이 귀한 시간을 아낌없이 쓰라고 말씀하신다.

조나단은 일기장을 넘기며 학교에서의 마지막 학년을 떠올렸다. 그는 늑막염에 걸려서 죽을 정도로 아팠다. 3주 동안 폐에 열이 너무 나서 숨을 쉬기가 어려웠다. 염증으로 목구멍이 아팠고, 머리는 빙빙 돌았으며, 마지막에는 계속 잠에 빠져 있었다.

<u>나는 죽음을 직면했었고, 다음 날 아침 깨어났을 때 매일 매일을 내 삶의 마지막 날처럼 살기로 맹세했다.</u>

조나단은 일기 첫 장에 쓰인 내용을 읽었다.

****

"왜 내가 그랬다고 이야기했어?"

다음 날 엘리샤가 물었다.

"왜냐하면 네가 잘못했으니까."

조나단은 쳐다보지도 않고 대답했다.
엘리샤가 조나단이 읽고 있던 책을 빼앗아 벽에 던졌다.

"그래도 난 네가 내 친구인 줄 알았어."

"친구지. 하지만 때로 친구도 옳은 결정을 해야 할 때가 있어."

엘리샤는 돌아서서 땅에 떨어진 책을 주웠다.

"나도 네가 혼자 저녁에 책 읽는 걸 좋아하는 줄 알지만, 오늘 밤은 우리랑 갔으면 좋겠어. 네가 만나 봤으면 하는 사람이 있거든. 그 사람 이름은 퍼시벌Percival인데, 네가 그 사람에게 그리스도인이 되는 방법에 대해 말해 주면 좋겠어."

엘리샤는 조나단에게 책을 건넸다.

"그 사람도 우리 학교 학생이야?"

조나단이 물었다.

"아니, 여기서 걸어서 1시간 정도 거리에 사는데 너를 만나 보고 싶어 해. 그 사람한테 너를 내가 아는 사람 중에 하나님에 대한 지식이 가장 많은 사람이라고 말했어. 그래서 그 사람

집에 오늘 밤 너를 데려가기로 약속했고."

조나단이 믿을 수 없다는 표정으로 엘리샤를 바라봤다.

"이거 혹시 함정이야? 네가 언제부터 영적인 문제에 관심을 가졌어?"

"그 사람이 너를 정말 만나보고 싶어 해. 내 생각에 그는 대학에 갈 만큼 똑똑하지는 않지만 너랑 공통점이 많아."

엘리샤가 대답했다.

"오늘은 할 일이 아주 많아. 자연철학 논문을 써야 하거든. 하지만 그 사람이 예수님을 알고 싶어 한다면 오늘 밤에 갈게."

조나단이 말했다.

"훌륭해. 도서관 앞에서 저녁 8시에 만나자. 늦으면 안 돼."

엘리샤가 웃으며 말했다.

✳✳✳✳

조나단은 복음을 듣고 싶어 하는 사람들을 향한 열정을 갖고 있었다. 그는 아버지가 사람들을 하나님께로 인도하고 매주 설교를 통해 영적인 공급을 하시는 것을 지켜봤다. 성도들은 그의 집 거실에서 자신의 죄로 인해 슬퍼하고 눈물을 흘렸다. 그 중 몇몇은 밤을 새우며 하나님께 은혜와 자비를 보여 달라고 기도했다. 조나단은 하나님께서 그가 사는 작은 마을에서 일하시는 방식을 봐 왔고, 또 마음속 깊은 곳에서는 아버지처럼 되고 싶다고 생각했다. 조나단이 일기장에 적었다.

> 오늘 밤에 퍼시벌이라는 청년을 만나러 간다. 하나님, 퍼시벌의 영혼이 구원자 예수님을 받아들일 수 있도록 마음 밭을 일구어 주시기를 기도합니다.

보름달이 뜬 그날 밤, 조나단은 조용히 거리를 걸어 내려갔다. 허가 없이 기숙사 밖으로 나가는 것은 학교 규율에 어긋나는 일이었지만, 조나단은 그림자 속에 숨어 천천히 걸었다. 잡히면 심각한 처벌을 받을 것을 알고 있었다. 어쩌면 퇴학을 당할 수도 있다. 그럼에도 퍼시벌이 예수님에 대해 알고 싶어 하는 한, 그는 이 행동에 대한 결과를 받아들일 생각이었다.

"여기야!"

엘리샤가 덤불 아래에 숨어서 조나단을 불렀다.

"혹시 마주친 사람 있어?"

"아니, 없어."

엘리샤의 질문에 조나단은 작은 목소리로 대답했다.

"좋아. 대학교 교정을 벗어나면 이렇게 조심할 필요가 없을 거야. 조나단, 내 친구들을 소개할게. 윌리엄William, 조지George, 제이콥Jacob, 조슈아Joshua야."

"만나서 반가워."

조나단은 소개받은 친구들과 악수하며 말했다.

"아니, 오히려 우리가 만나서 반가워."

제이콥이 다른 친구들에게 씩 웃어 보이며 말했다.

"손에 든 건 뭐야?"

조지가 묻자, 조나단은 책을 빛이 있는 곳으로 꺼내 들었다.

"내 성경책이야. 성경책 없이 어떻게 복음을 전할 수 있겠어?"

엘리샤가 조나단 앞으로 나섰다.

"내가 한 말 기억하지? 조나단은 오늘 밤 퍼시벌에게 예수님에 대해 말해 줄 거라고."

그러자 조슈아는 혼란스러워 보였다.

"하지만 네가 말한 것은…."

"그래 맞아, 조슈아."

엘리샤가 말을 가로챘다.

"늦지 않으려면 우리는 지금 가야 해. 퍼시벌이 우리를 기다리고 있어."

소년들은 누가 보지 못하도록 도서관 벽을 따라 조심히 걸었다.

"숙여."

엘리샤가 속삭였다. 3-4명의 학생들이 마을 반대편에서 만난 여자들 이야기를 하며 지나갔다.

"그 여자애 이름은 레베카Rebecca야."

"레베카는 정말 아름다워. 긴 금발 머리카락에 머리도 엄청나게 좋아."

목소리가 멀어져 희미해지자, 엘리샤는 친구들을 숲길로 인도했다. 조나단은 성경책을 두 팔로 품 안에 꼭 껴안았다. 어린 소년이었던 조나단은 어두움을 무서워했다. 유령 이야기나 악한 영들이 한밤중에 숲속을 돌아다닌다는 이야기를 들은 적이 있었다. 하지만 예수님께서 어떻게 귀신을 내쫓으셨으며, 귀신을 돼지 떼에게 들어가게 하셨는지 알고 있었다. '하나님, 퍼시벌을 만나러 가는 길을 안전하게 지켜 주세요.'

뒤를 돌아보니, 대학교 건물에서 나오는 불빛이 점점 멀어지고 있었다. 어둠 속의 조나단과 친구들은 생각보다 멀리 가지 못했다.

"곧 큰길이 나올 거야."

엘리샤가 나뭇가지를 잡고 친구들이 지나가게 해 주며 말했다.

"우리가 가는 방향이 맞는 게 확실해?"

조지가 묻자, 엘리샤가 그의 팔을 툭 쳤다.

"당연히 확실하지. 봐, 저기 큰길로 나가는 길이 보이지?"

조나단은 다리에 달라붙은 가시덤불을 떼어 냈다. 다른 사람들보다 키가 크고 호리호리한 그는 항상 덩굴에 휘감기거나 나무뿌리에 걸리곤 했다.

"조나단, 너는 아마 네 친구 중에서 가장 키가 클 거야. 그렇지만 네가 세상을 바라보는 관점도 역시 친구들보다 커야 한다는 걸 잊지 말아야 한다."

조나단은 아버지의 말씀을 진지하게 받아들였고, 항상 높으신 하나님의 관점에서 세상을 바라보려고 노력했다. 그는 하나님을 보통 사람들이 상상하는 것보다 더 위대하시고 더 전능하신 분으로 보려고 노력했지만 때때로, 특히 숲속에 있을 때면 그렇게 하기 어려울 때가 많았다.

무리 앞에서 조나단의 시선이 위쪽을 향했다. 그는 태양의 빛나는 광선을 반사시키는 달을 유심히 바라봤다. 또 하늘에 반짝거리며 빛나는 별들을 봤다.

"하나님, 하나님의 작품은 정말이지 놀라워요."

그가 작게 속삭였다.

"하나님은 지으신 모든 것에 계획을 갖고 계시지요. 하나님께서 달에게 지구 주위를 돌라고 명하셨고 달은 하나님의 명령에 순종했습니다. 하나님께서 구름에게 하늘에 떠 있으라 명하시자 구름 역시 하나님의 말씀에 순종했습니다. 저 멀리 있는 별들도 하나님께는 멀지 않습니다. 하나님은 어느 곳에나 계시니까요. 하나님은 제가 생각하는 것보다도 훨씬 크신 분입니다."

조나단은 어린 시절, 세상이 자신을 중심으로 돌고 있다고 생각하며 자랐다. 그는 일기장에 이렇게 적은 적도 있다.

> 나는 내가 우주의 중심이라고 생각했다. 그리고 삶의 모든 요소는 나의 행복을 위해 존재한다고 생각했다. 그러나 하나님과 그분의 영광에 대해 배우며 깨달았다. 나는 세상이 내 주위를 도는 것이 아니라 오직 하나님 한 분을 중심으로 돌고 있다는 결론에 이르렀다. 모든 것은 하나님을 위해 그리고 하나님의 열망과 기쁨을 위해 존재한다.

하루는 조나단이 니콜라스 코페르니쿠스Nicolas Copernicus의 글을 읽었다. 우주가 지구를 중심으로 도는 것이 아니라 지구가 태양 주위를 돌고 있다는 것이었다. 그 글을 읽은 후에 조나단은 세상과 그 밖의 모든 것을 다른 시각으로 보기 시작했다.

이제는 삶이 조나단 자신의 필요를 채워 주기 위해 존재하는 것이 아니라, 그를 창조하신 하나님께 봉사하기 위해 존재하게 됐다. 이는 그의 삶에 영적인 혁명과도 같았으며, 변화와 깨달음의 순간이었다. 조나단은 밤하늘을 보며 그때의 발견에 대해 생각했다. 그는 기도했다. '이 나무들이 하나님을 찬양하기 위해 가지를 멀리 뻗치는 것이라면, 저 역시도 그렇게 하겠습니다. 악한 친구들 여럿이 곁에 있다고 하더라도요.'

조나단의 친구들은 그가 하나님을 찬양하고 있는 뒤편에서 저속한 이야기들을 나누고 있었다. 그는 보이는 모든 것에서 하나님의 선하심을 봤다. 바위들조차 그에게는 그저 바위가 아니라 하나님께서 새로운 세상을 창조하신 것을 지켜본 오래된 증인들이라고 생각했다. 부드러운 산들바람도 그에게는 단지 바람 그 이상이었다. 그것은 하나님의 사람들을 새롭게 하고 옳은 길로 이끄시는 성령님의 상징이었다. 삶은 그 자체로 천국으로 가는 여행이 됐다.

****

1시간쯤 걷자, 길가에 집들이 하나둘씩 보이기 시작했다.

"아직 멀었어?"

제이콥이 물었다.

"거의 다 왔어, 이제 집이 보여."

엘리샤가 길가를 가리키며 대답했다. 하늘을 향해 불쑥 튀어나와 있는 높고 수수한 굴뚝이 연기를 내뿜고 있었다. 조나단은 일기장에 종종 이런 집들을 그렸는데, 사실 너무 평범한 것들이었다. 그는 사람이 만든 외양간이나 농장보다는 하나님께서 만드신 곤충이나 나뭇잎을 그리기를 더 좋아했다.

"이제 목소리를 낮춰. 퍼시벌을 보기 전에 다른 사람들에게 들키지 않아야 해."

엘리샤가 친구들에게 주의를 시켰다.
조나단은 이미 복음을 전할 준비가 되어 있었다. 10개도 넘는 성경 구절이 그의 머릿속에 떠올랐다. 그는 죄와 은혜, 그리고 어떻게 하나님께서 정의의 심판을 피하도록 하기 위해 하나님의 아들을 이 세상에 보내셨는지에 대해 이야기할 준비가 됐다. '그래, 이제야 내가 예수님의 사랑을 나누게 됐어.' 퍼시벌의 집 앞을 뛰어서 지나가는데 보슬비가 내리기 시작했다. 조나단이 엘리샤의 소매를 잡아당겼다.

"왜 앞문으로 들어가지 않고?"

"퍼시벌이 집 뒤쪽으로 오라고 했어. 뒤편이 더 조용해서 가족들을 방해하지 않고 이야기할 수 있어."

조나단은 이상하다고 생각했지만 친구들을 따라 반대편으로 돌아갔다. 그들은 닭장을 지나고 헛간을 지나쳤다. 토마토와 당근을 분리해 둔 울타리도 뛰어넘었다. 멀지 않은 곳에서 연못가를 밝게 비추는 달빛의 반짝임이 보였다. 뒷문에 도착하자 엘리샤는 조슈아, 윌리엄, 조지, 제이콥을 남겨 두고 조나단만 돼지우리로 이끌었다. 엘리샤가 돼지 하나를 가리켰다.

"조나단, 퍼시벌을 소개할게. 최고의 청중은 아니겠지만 어쨌든 말을 걸어 볼 수는 있을 거야."

돼지가 조나단을 보고 꿀꿀거리며 진흙에 뒹굴기 시작했다. 모두 웃기 시작했지만, 조나단은 자신이 들은 말을 믿기 힘들었다. 엘리샤는 그를 가장 못되고 나쁜 방법으로 속인 것이다. 어떻게 그를 용서할 수 있을까? 그때 갑자기 뒷문이 확 열리고 한 남자가 모습을 드러냈다.

"너희들 여기서 뭐 하는 게냐?"

그가 물었다.

윌리엄이 돌을 하나 들어 창문에 던졌다. 유리가 깨지고 문가에 서 있던 남자는 삽을 들고 소년들을 쫓아갔다. 들판으로 도망치며 조지가 닭 한 마리를 낚아채 그의 가방 안에 넣었다. 뒤따라가던 제이콥은 토마토 몇 개를 훔쳐 그의 주머니 안에 넣었다.

"너희들 나한테 어떻게 이럴 수가 있어?"

조나단이 할 수 있는 한 다리를 빨리 움직이며 물었다.

"내가 복수한다고 말했잖아."

엘리샤가 대답했다.

****

소년들은 길을 따라 쏜살같이 달렸다. 구름에서 천둥이 울리고 번개가 쳤다. 닭이 시끄럽게 꽥꽥 울자, 조지는 닭을 숲에 놓아줬다. 비가 너무 세차게 내려 조나단은 앞을 보기가 힘들었지만, 그는 지나온 길을 계속해서 되돌아갔다. 조나단은 큰 키 덕분에 친구들보다 더 빨리

달릴 수 있었다. 그는 살면서 처음으로 키가 큰 것이 다행이라고 생각했다. 그리고 속으로 하나님께 무사히 돌아갈 수 있게 해 달라고 기도했다.

"오늘 밤 방 밖으로 나서는 게 아니었는데. 누가 알게 되면 어떡하지? 아버지가 이 사실을 아시면 어떡해. 만일…."

조나단이 말을 불쑥 내뱉었다.

"'만일'이라는 말 좀 그만해. 아무도 모를 거야. 우리는 여기 매일 밤 나오는데 한 번도 잡힌 적이 없어."

엘리샤가 조나단을 향해 뒤에서 크게 소리쳤다. 그런데 갑자기 엘리샤가 미끄러져 넘어졌다.

"도와줘!"

친구들이 숲속을 계속 달려가자 그가 소리쳤다.

"누가 좀 도와줘!"

제이콥은 다른 친구들 곁에서 계속 뛰며 그 소리를 못 들은 척했다. 하지만 조나단만이 엘리샤에게 달려가 그를 일으켜 세웠다.

"나는 더 못 갈 것 같아. 발목이 부러진 것 같아."

엘리샤가 말했다.

조나단은 엘리샤의 다리를 살폈다. 엘리샤의 발목은 비틀려 있고 부어오르기 시작했다. 조나단이 다른 친구들에게 돌아오라고 소리쳤지만, 너무 멀리 있어서 들리지 않았다.

"너를 업어야겠어."

조나단이 업으려 하자, 엘리샤가 고개를 저었다.

"아니야, 내가 너한테 심한 장난을 쳤잖아. 그냥 두고 가."

비가 너무 거세게 내려서 조나단은 엘리샤가 하는 말을 알아듣기 힘들었다. 잠시 고민하던 조나단은 엘리샤의 팔을 어깨에 두르고 일어섰다.

"나랑 같이 가는 거야."

조나단이 큰 소리로 말했다. 둘은 함께 울창한 나무와 가시덤불, 그들의 발목을 붙잡는 나무뿌리를 넘어 숲을 지나갔다. 엘리샤가 무거웠지만 조나단은 그를 무사히 기숙사까지 데려가고 싶은 마음뿐이었다.

  기숙사까지 오는 동안에 조나단의 마음에 평안이 내려앉는 것을 느꼈다. 그리고 더는 자신을 속인 엘리샤에게 화가 나지 않았고, 다른 소년들에 대한 미움도 사라졌다. 심상치 않은 하늘을 바라보는 그의 눈 속으로 큰 빗방울이 떨어졌다. 검은 먹구름이 그를 위협하고 있었지만, 조나단은 그 중심에서 하나님의 사랑을 느낄 수 있었다. 조나단은 마음속 깊은 곳에서 예수님께서 사람들을 천국으로 이끌도록 그를 이 세상에 보내셨다는 것을 알 수 있었다.

****

  조나단과 엘리샤는 숨을 헐떡이며 비와 천둥을 피해 기숙사 안으로 들어갔다.

"왜 나를 도와준 거야?"

  엘리샤가 발목을 살피려 신발을 벗으며 물었다.
  이에 조나단은 대답하지 않았다. 대신 그는 방으로 들어가 책꽂이에서 의학책을 한 권 꺼냈다.

"이 책이 네 발목에 도움이 될 거야."

조나단이 말했다.
몇 단락을 읽은 후 조나단은 엘리샤의 발목에 나무 막대를 대고 수건으로 묶었다.

"이러면 부기는 대부분 빠질 거야. 적어도 아침까지는."

조나단의 행동과 말에 엘리샤는 고마움을 느꼈다.

"근데 왜 내 질문에는 대답을 안 해? 왜 나를 도와줬어?"

"예수님도 그렇게 하셨을 거라서 도와준 거야. 사실 예수님께서 하신 일이야. 예수님은 이 땅에 오셔서 우리 곁에서 절뚝이시며 우리와 함께 괴로워하셨고, 끝내 우리를 죄에서 구해주셨어. 성경에 기록된 것처럼 예수님께서 허리를 숙이고 제자들의 발을 씻겨 주셨다면, 내가 어떻게 너를 그냥 내버려 두겠어?"

엘리샤는 조나단의 말을 듣고 가만히 생각했다.

"말이 되네. 너는 언제나 맞는 말을 해. 널 속인 걸 용서해 줘. 퍼시벌에게 복음을 전해 달라고 거짓 요청을 하면 네가 우리를 따라올 거라고 생각했어. 결국에 하나님의 말씀을 들어야 했던 건 돼지가 아니라 나였다는 게 밝혀졌지만 말이야. 그리고 너는 누구도 하지 못한 방법으로 예수님을 알게 해 줬어."

"너를 용서할게. 그리고 퍼시벌이란 이름 말이야, 돼지에게 정말 좋은 이름인 것 같아."

엘리샤가 웃음을 터뜨렸다.

"다음에 돼지 주인을 만나게 되면 그 말을 꼭 전해 줄게."

조나단도 옷의 물기를 탈탈 털며 따라 웃었다.
시간이 지나 엘리샤가 구석에서 코를 골며 잠들자 조나단은 일기장을 펼쳐 오늘 하루를 돌아보며 깨달은 점을 적었다.

하나님, 단지 입으로만 하는 것이 아니라 행동으로 엘리샤를 용서하는 방법을 보여 주셔서 감사합니다. 예수님을 보내 주셔서 저희와 함께 아파하시고, 곁에서 같

이 절뚝이시고, 저희를 위해 십자가에 돌아가게 하심을 감사합니다. 하나님의 위대하시고 강하심을 매일 높이겠습니다. 하나님의 영광은 제가 바라봐야 할 목표이며, 영원히 하나님의 이름을 찬양하겠습니다.

조나단은 눈을 감고 어머니께서 가르쳐주신 기도문으로 기도했다.

"하나님, 오늘 밤에 제 영혼을 취하신다면, 아침에는 천국에서 눈을 뜨게 해 주세요. 아멘."

힘든 하루였지만 한편으로는 영광스러운 날이었다. 조나단은 하나님께서 보여 주실 내일에 대한 기대로 잔뜩 부풀었다.

부둣가 훈련

1723년, 뉴욕시(New York), 맨해튼 섬(Manhattan Island)

　나무로 만들어진 화물선이 허드슨Hudson 강 파도에 흔들리며 삐걱거렸다. 해안가에 부는 바람에 따라 배의 닻이 앞뒤로 펄럭였다. 조나단은 물에 비친 자신의 모습을 바라봤다. 그의 갈색 머리가 귓가에서 찰랑거렸고, 원래 긴 얼굴은 한층 더 길어 보였다.

　"무슨 일이라도 있어?"

　존 스미스John Smith가 물었다.

"아니, 없어. 아무래도 내일 일이 걱정돼서 그런 것 같아."

조나단이 대답했다.
존은 조나단의 마음속에 다른 문제가 있다는 것을 눈치챘다.

"너를 알게 된 지 5개월이 됐어. 우리와 함께 살기로 한 그때부터 나는 계속 너의 설교를 위해 기도했어. 하나님께서 항상 그러셨듯이 내일 네가 할 말씀을 축복해 주실 거야. 그것 말고 다른 문제가 있는 것 같아 보이는데. 보통 때보다 더 창백해 보여. 오늘 밥은 먹었어?"

조나단이 고개를 저었다.

"오늘은 안 먹었어. 도저히 못 먹겠어."

"도대체 왜?"

"하나님 앞에서 폭식을 포함해 다른 죄들을 지었어."

조나단이 말했다.

"내 몸이 살기 위해서 어느 정도의 음식이 필요한지 실험을 해 왔어. 너무 많은 음식을 먹을 때면, 내 감각들이 둔해지고 내 속에 죄를 짓고자 하는 마음이 생기더라고."

조나단의 말에 존의 표정이 혼란스러워졌다.

"그렇다고 아무것도 먹지 않는다니. 너 지금 저 배의 돛대만큼이나 말랐어."

조나단이 강물을 바라봤다.

"허영심도 또 하나의 죄야. 나는 뉴욕같이 몇천 명이 사는 죄악의 도시에 가 본 적이 없어. 뉴욕에는 악하고 비도덕적인 것들이 너무나 많고, 그 죄악들이 나에게 옮을까 봐 무서워."

존이 돌 하나를 강에 던졌다. 돌은 물속에 가라앉기 전에 몇 번 통통 튀었다.

"완벽한 사람은 없어."

"나는 완벽해지려는 게 아니야. 단지 사람이 할 수 있는 한 완벽에 가까워지고 싶은 거야."

조나단은 존과 이야기하는 것을 좋아했다. 존의 가족은 잉글랜드England(편집자 주: 영국의 남부지역을 말한다)에서 이민을 왔다. 둘은 언제나 흥미로운 이야기를 나눴다. 다른 대학교 친구들과 다르게 존과는 하나님에 대해 이야기를 나눌 수 있었고, 특히 하나님께서 어떻게 이방 국가들 가운데 선교의 사역을 하고 계시는지에 대해 긴 대화를 나눌 수 있었다.

"부흥이 이 땅에 일어나고 있어."

존은 이렇게 말하곤 했다.

"머지않아 영적인 각성이 이 나라를 뒤덮을 거야."

존과 마찬가지로 조나단 역시 흥분됐다.
그들은 함께 걷다가 흑인 노예 시장을 지나갔다.

"10년 전 이곳에서 19명의 흑인 노예들이 폭동을 일으켰다는 이유로 끔찍하게 살해됐어."

조나단의 말에 존은 고개를 끄덕였다.

"나는 흑인들을 이렇게 대한 죄로 하나님께서 이 땅을 심판하실 거라고 믿어. 만일 누군가가 나를 내 나라에서 납치해 배에 태우고 다른 땅으로 데려가서 그곳에서 일하도록 강요한다면, 나라도 폭동에 참여했을 거야."

존이 막 팔린 흑인들을 흘깃 쳐다보며 말했다.
조나단이 고개를 끄덕였다.

"유대인들도 이곳에서 좋은 대접을 받지 못했어. 사실, 어제 창문 너머로 유대인 이웃이 내가 살면서 그렇게 기도해 본 적이 있을까 싶을 정도로 열심히 기도하는 모습을 봤어. 그 사람은 내가 가진 믿음보다 더 진심 어린 믿음을 갖고 있었고, 그 사람이 하나님을 뜨겁게 사랑하는 모습을 보고, 내 마음이 겸손해지더군."

"그래서 다른 형식의 제자훈련을 고민하게 된 거야?"

존이 물었다.

"맞아. 뉴욕은 국제도시기 때문에, 이대로 내버려 둔다면 나는 지나가는 모든 즐거움에 휩쓸려 버릴 거야."

"나는 아직도 놀라워. 석사 학위 도중에 부둣가 근처 윌리엄스 가Williams street에 있는 장로교회의 설교자로 초청받은 일 말이야. 여기 오는 게 하나님의 뜻인 줄 어떻게 알았어?"

존의 물음을 들은 조나단이 걸음을 멈추고 지나가는 배를 가리켰다.

"저 돛 보이지?"

그가 물었다.

"돛들만으로는 배를 움직일 수 없어. 하지만 선장이 선원들에게 돛을 올리라고 지시를 하면, 바람이 배를 정확한 방향으로 인도하지. 나는 내 삶을 향한 하나님의 뜻을 한 번도 궁금해한 적 없어. 내가 돛을 펼치고 하나님의 목소리를 듣고 있는 한, 하나님은 늘 내게 바람을 불어 보내 주실 거야. 졸업 후에 하나님께서 나를 이 교회로 인도해 주신 것처럼 말이야."

"너도 알다시피, 우리 교회가 목사님 입장에서 가끔 힘들 때가 있잖아."

존이 말했다.

"원래 월 가Wall street와 브로드웨이Broadway에 있던 교회가 분리돼 여기 부둣가에서 우리만의 교회를 시작하게 됐고, 성도 중에 스코틀랜드인이나 아일랜드인과 잉글랜드인 사이에 종종 갈등이 있기도 했지. 우리 교회가 살아남게 되면, 그들이 너를 담임 목사님으로 부를 거라는 소문도 있어. 그렇게 되면 담임 목사님 자리를 맡을 거야?"

조나단은 존이 말한 그 기회에 대해 생각했다.

"나는 아주 어렸을 적부터, 하나님께서 나를 교회의 목사님으로 다듬어 가고 계신다는 걸 느꼈어. 하나님은 목사님인 아버지를 내게 주셨고, 복음을 어떻게 전하는지 보여 주셨지."

조나단이 말했다.

"너의 방대한 지식이 네 설교에 많은 도움이 될 거야. 그리고 너는 분명 좋은 목사님이 될 거야. 왜냐하면 너는 확실히 좋은 사람이니까."

존이 말했다.

****

조나단과 존이 대화하던 중 한 젊은 여성이 다가왔다.

"실례합니다. 월 가로 가는 길을 알려 주실 수 있나요?"

조나단은 의식하지 않으려고 애썼지만, 그녀의 아름다움에 넋을 잃었다. 진한 갈색의 풍성한 곱슬머리가 그녀의 어깨 아래로 드리워져 있었고, 그녀의 눈은 바다처럼 빛났다.

"저쪽 길로 가면 될 거예요."

조나단이 어딘가를 가리키며 말했다.

"그러니까 제 친구 말뜻은, 다음 길에서 오른쪽으로 돌아서 세 블록을 걸어간 뒤에 왼쪽으로 돌면 월 가가 나올 거라는 말이에요."

존이 그녀에게 다시 설명했다.
여성이 지나가자 조나단은 자신을 꾸짖 듯 머리를 세차게 흔들었다. 유혹이 곳곳에 도사리고 있었고, 때로는 떨쳐내기가 어렵게 느껴졌다. 조나단이 존을 바라봤다.

"내가 짓기 쉬운 죄의 목록을 만들기로 마음먹었어. 그리고 각각의 목록에 죄를 쫓을 수 있는 훈련법을 적을 거야. 예를 들면, 내가 게으르고 나태한 것을 깨달았을 때는 게으름을 물리칠 때까지 매일 아침 2시간 동안 성경책을 읽는 훈련을 하는 거지. 지금처럼 여자를 보는 유혹에 빠지면 여자를 보지 못하도록 내 눈을 훈련할 거야. 부모님은 청교도인들이 거룩하기 위한 목표를 갖고 어떻게 자신의 몸을 단련했는지 말씀해 주셨어. 어떤 사람들은 일주일 동안 금식하고 기도했어. 어떤 사람들은 성경책 전체를 외우고 계속 묵상하기도 했어. 내 몸과 영혼도 살아남기 위해 훈련이 필요하다는 걸 느껴."

존은 조나단처럼 하나님께 모든 것이 맞춰진 사람을 만난 적이 없었다. 함께 대화할 때마다 그의 통찰력에 감탄했다.

"하나님께서 어떤 굉장한 일을 위해 너를 높이고 계셔. 하나님께서 무엇을 계획하고 계신지는 모르지만, 경건해지려는 너의 목표에 네가 쏟는 모든 노력을 축복해 주실 거야."

존의 말이 끝나갈 때, 한 무리의 여성들이 그들 곁을 지나갔다. 조나단은 새로 만든 훈련법을 시작하기로 마음먹고 그녀들에게 인사를 건네고 바로 눈길을 돌렸다.

"봤지? 그렇게 나쁘지 않았어."

존에게 말을 하자마자 그는 도로변 아래로 떨어지려고 하는 자신의 발을 발견했다. 존이 잡으려고 했지만 이미 너무 늦었다.

"네 눈 말고 발에도 훈련이 필요한 것 같은데."

존이 웃으며 말했다.

****

다음 날 아침, 조나단은 일찍 일어나 성경책을 펼쳤다.

> "훈계 받기를 싫어하는 자는 자기의 영혼을 경히 여김이라 견책을 달게 받는 자는 지식을 얻느니라" 잠언 15:32.

그날은 주일이었고 조나단은 긴장하고 있었다. 자신의 설교가 사람들에게 도움이 되지 않을까 봐 긴장되는 것이 아니라, 모든 사람이 자신을 바라보고 있다는 이유 때문이었다. 조나단은 사람이 많은 곳이 불편했다. 복음을 선포하다 보면 가끔은 설교단이 아니라 숲에서 하나님께서 지으신 창조물들을 관찰하고 있었으면 했다.

"여기 아침 식사가 왔어요. 잠은 잘 잤어요?"

수잔나 스미스Susanna Smith 부인이 방문을 열며 말했다. 부인은 우유와 끓인 오트밀이 든 쟁반을 그의 침대에 올려놨다.

"밤새 뒤척거렸어요. 설교 전에는 잠이 잘 오지 않아요. 그래도 이 말씀은 꼭 해 드려야겠어요. 부인과 존은 저를 최고로 잘 대접해 주셨어요."

조나단이 대답했다.

"그렇게 말해 주니 영광이에요. 그런데 오늘 아침 설교 주제는 뭐예요?"

부인이 말했다.

조나단은 손으로 쓴 종이 뭉치를 집었다. 그는 설교문 없이는 절대 설교하지 않았다. 생각을 일목요연하게 정리하는 일은 쉽지 않았다. 모든 단어를 완벽하게 글로 쓰고 외워야 했다. 그는 설교단에서 큰 목소리도 내지 않았다. 하나님께서 진실로 그에게 성도들을 위한 말씀을 알려 주신다면 그는 그 말씀을 차분하고 경건한 마음으로 전달

해야 한다고 믿었기 때문이다.

"제 설교 제목은 「그리스도인이여! 삶에서 겸허히 훈련을 시도하라, 그리고 게으름을 너그럽게 허용하지 말라」예요."

"하나님께서 말씀을 받아들이도록 우리의 마음과 머리를 열어 주실 거라고 믿어요."

수잔나는 훨씬 더 짧은 제목을 기대했지만 애써 미소를 지어 보이며 말했다.

스미스 가족의 집은 교회 근처에 있어서 교회까지 걸어서 10분 정도밖에 걸리지 않았다. 교회는 하얀색의 깔끔한 외관을 갖고 있었다. 스미스 가족이 먼저 교회로 들어갔다. 그때 갑자기 조나단이 존을 붙잡았다.

"뭔가 잘못된 느낌이야. 나는 오늘 설교를 할 수 없어."

조나단이 말했다.

"할 수 없다니, 왜?"

존이 물었다.

"하나님 앞에서 정직하지 못하기 때문에 오늘은 설교할 수 없을 것 같아."

조나단이 대답했다.

"무슨 문제라도 있습니까?"

제임스 앤더슨James Anderson 목사님이 조나단의 어깨에 손을 올리며 물었다.

"아닙니다, 목사님. 조나단은 그저 설교에 부담감을 느끼고 있을 뿐입니다."

존이 대신 대답했다.

"많은 설교자가 설교단에 올라서기 전에 불안감을 느낍니다. 설교는 매우 중요한 것이고, 결코 가볍게 여겨져서는 안 되는 것이죠. 언제든지 하나님의 말씀을 전하는 사람이라면 그 말씀이 하나님으로부터 오는 것임을 확신하는 것이 좋습니다. 아주 현명하신 설교자 한 분이 제게 말씀해 주신 적이 있습니다. 하나님께서 제 입에 하나님의 말씀을 붙이셨으니, 내 입에 내 생각을 덧붙이지 않도록 주의해야 한다는 겁니다."

목사님이 대답했다.

"맞습니다. 하나님은 제가 하나님을 필요로 할 때 저를 버리시려고 이 먼 곳까지 불러오신 게 아닙니다."

조나단이 고개를 끄덕이며 말했다. 그리고 목사님께서 하신 조언에 감사를 표했다.

****

찬송가를 짧게 부르고 아픈 사람들을 위해 기도한 후, 조나단은 일어나서 설교단으로 걸어갔다. 성소 중앙 근처에 있는 설교단은 매우 큰 규모였다. 조금씩 발걸음을 옮길 때마다 성도들을 마주할 순간이 가까워졌다.

성도석에는 약 30여 명의 사람이 앉아 있었지만, 마치 천 명의 사람처럼 느껴졌다. 조나단은 그날 참석한 성도들이 본 설교자 중 가장 젊었다. 설교단 중앙에 오르자 주일 오전 설교자로서의 부담감이 느껴졌다. 성도석에 앉은 각각의 사람이 그를 올려다보고, 관찰하고, 특별한 이야기를 듣고자 기대하고 있었다. '그래, 해 보는 거야.' 조나단은 속으로 생각했다.

조나단은 먼저 성경 말씀 구절과 설교 제목을 읽은 후 목을 가다듬고 설교를 시작했다.

"200년 전에, 하나님은 교회에 개혁을 시작하게 하셨습니다."

목소리가 떨렸지만 그는 멈추지 않고 계속 말했다.

"하나님께서 마틴 루터Martin Luther와 존 칼빈John Calvin 같은 사람들을 세우셨고, 그들은 함께 사악한 교리에 매여 있던 사람들의 마음과 영혼에 부흥을 일으켰습니다. 오늘 아침 우리는 경건한 부흥과 각성으로 이끄는 영혼과 육체 훈련의 중요성을 함께 살펴볼 겁니다."

존이 끄덕이며 어머니에게 귓속말로 말했다.

"어제 이 주제에 대해 서로 이야기를 나눴어요."

조나단이 설교를 이어 나갔다.

"하나님은 당신의 사람들을 벌하지 않으십니다. 때로 하나님은 하나님의 사람들을 선택해 훈련하고 그들의 속성을 새롭게 하시지만, 우리의 죄를 위해 죗값을 치르신 분은 예수 그리스도입니다. 인간의 죄로 인해 분노하시는 하나님 앞에 서신 분도 예수님이시고, 우리가 졌어야 했던 죄를 대신 지신 분도 예수님이십니다. 우리의 죄가 불러일으킨 하나님의 진노를 담당하신 유일한 분 또한 예수님입니다. 우리가 유혹을 떨치지 못해 힘들어하고 있을 때 우리 스스로 깨닫게 하시는 분은 하나님이십니다. 지금 여러분이 만일 진정한 그리스도인이라고 하신다면, 전능하신 하나님 앞에 스스로 훈련하시기를 권면합니다. 더 많이 기도하시고, 더 금식하시고, 여러분의 영혼이 하나님의 음성에 예민해지도록 훈련하십시오."

성도들이 크게 놀랐다. 그들은 이렇게 어린 설교자가 이처럼 깊고 진실한 말씀을 전하는 것을 들어 본 적이 없었다. 조나단의 말씀은 강력했지만, 부드럽고 조심스러웠다. 조나단은 이따금 사람들과 눈을 마주치기 위해 설교문에서 고개를 들었지만, 대부분의 설교 시간 동안 글씨에 시선을 고정하고 하나님께서 그에게 전하게 하신 말씀을 충실하게 읽었다.
조나단은 설교를 계속 이어 나갔다.

"배에 부딪혀오는 파도처럼, 그리스도인들은 훈련과 게으름 사이에서 왔다 갔다 할 겁니다. 하루는 하나님 앞에 정직한 사람으로 거룩함을 찾을 테지만, 다른 날은 어둠 가운데 육체의 정욕을 찾고 그것을 쫓을 겁니다. 그런데도 예수님께서 우리와 함께 계신다는 사실을 깨닫고 위안을 얻습니다. 우리가 혼자라고 느껴질 때도 예수님은 그곳에 계십니다. 예수님은 두 팔로 우리를 감싸 주시며 천국이 멀지 않다는 걸 기억하게 하십니다. 마찬가지로 우리가 죄를 지을 때도, 예수님은 그곳에 계시며 우리가 하나님의 진노를 사는 걸 바라보고 계십니다."

설교를 듣던 모든 사람의 눈이 동그래졌다. 사람들은 그동안 자신들이 지었던 죄들을 떠올렸다.

"예수님께서 제가 과자를 훔칠 때 정말 그곳에 계셨다는 말이에요?"

한 아이가 자신의 어머니에게 물었다. 아이의 어머니는 고개를 끄덕이며 계속 설교를 들으라고 눈짓을 보냈다.

"하지만 감사하게도 하나님은 우리를 그냥 내버려 두지 않으십니다. 감사하게도 우리가 하나님께 죄를 지어도 하나님은 자신의 창조물을 버리지 않으십니다."

조나단이 설교문에서 고개를 들어 앞을 봤다. 그의 눈은 따뜻하고 진지한 눈빛이었다.

"구약에서 약속의 땅으로 이스라엘 백성을 인도하셨듯이, 하나님은 우리의 조상들을 신대륙으로 이끄셨습니다. '훈계 받기를 싫어하는 자는 자기의 영혼을 경히 여김이라 견책을 달게 받는 자는 지식을 얻느니라' 잠언 15:32 는 말씀을 잊어버린 이스라엘 백성에게 심판이 임했듯이, 우리가 하나님의 약속을 떠나거나 믿음의 훈련을 게을리할 때 우리에게도 심판의 날이 임할 겁니다. 그러므로 우리는 행동과 태도로 자신을 전적으로 하나님께 드려야 합니다. 그러면 자비로 우신 하나님 아버지께서 자녀들에게 처벌 대신에 가르침을 주실 겁니다."

예배를 마친 후, 모두가 조나단과 악수를 하고 싶어 했다.

"좋은 말씀이었어요, 젊은이."

"하나님께 당신이 우리의 목사님이 되시길 기도하겠습니다."

몇몇 사람이 지나가면서 이렇게 말했다.
그때 한 여인이 눈물을 머금고 조나단에게 다가왔다.

"제 첫째 아들을 위해 기도해 주세요. 아들이 하나님을 알지 못합니다. 저는 제 아들의 영혼이 반항심에 사로잡혀 있는 것 같아서 두렵습니다."

여인의 간곡한 부탁이 이어진 뒤, 옆에 있던 다른 사람이 말했다.

"제 형제를 위해서도 기도해 주세요. 제 형제는 카드놀이와 술에 푹 빠져 있습니다. 저는 그가 금방이라도 이 세상을 떠나 하나님의 영광과 은혜를 보지 못할까 봐 두렵습니다."

조나단은 성도들 한 사람 한 사람과 이야기를 나눴다. 사람들의 바람이 그의 바람이 됐고, 그들의 기도 제목이 그의 기도 제목이 됐다.

"이 교회의 목사님이 된다면 너무나 영광일 거야. 성도들은 그리스도인으로서 부르심에 매우 진지해 보였어. 만일 하나님께서 허락하신다면 나는 여기 뉴욕에 너무 있고 싶어."

조나단이 집에 돌아오는 길에 존에게 말했다.

"네가 전에 하나님의 바람이 우리 배가 갈 곳을 인도해 주실 거라고 말했잖아. 하나님께서 너를 이곳으로 인도하신 이상 너는 분명 여기에서 돛을 내려야 할 거야."

존의 대답을 듣고, 조나단은 고개를 가로저었다.

"누군가 전에 내게 말해 준 적이 있어. 하나님은 우리와 함께 가지 않으시고는 우리를 보내지 않으신다고. 나는 하나님께서 여기 뉴욕 부둣가를 나와 함께 걸으시며, 그리스도인이 갖춰야 할 걸 내게 직접 가르쳐 주고 계신다는 걸 느껴. 내가 돛을 내리고 싶은 만큼, 그 돛을 그냥 둘 생각이야. 바람이 다시 불어올지도 모르잖아."

 **되찾은 건강**

1725년, 코네티컷 주, 노스헤이븐(North Haven)

"쾅! 쾅! 쾅!"

누군가 급하게 문을 두드렸다.

"조나단의 어머니시군요. 어서 들어오세요."

아이작 스타일스 Isaac Stiles가 문을 열며 말했다.

"최대한 빨리 왔어요. 무슨 일이 있었던 거죠?"

아이작은 거친 숨을 내쉬는 조나단의 어머니를 조나단이 누워 있는 침대로 안내했다.

"숲을 걷다가 쓰러졌나 봐요. 나무 근처에 있던 걸 나무꾼이 발견해서 제게 데리고 왔죠. 제 생각에는 조나단이 움직이기 힘들 정도로 아픈 것 같아요."

조나단의 어머니가 그의 이마에 손을 얹었다.

"열이 펄펄 끓는군요. 깨어나지 않은 지 얼마나 됐죠?"

그녀는 젖은 수건을 조나단의 이마에 올리며 말했다.

"3일이요."

아이작이 말했다.

"뭐라도 먹어야 할 것 같아서 몇 번 깨우려고 했지만, 숲속에서 발견된 이후로 눈을 뜨지 않아요. 어제 의사가 왔었는데 한시도 눈을 떼지 말고 지켜보라고 했어요. 특히 밤에는 더 주의를 기울여야 한다고 당부했어요."

조나단의 어머니는 아픈 아들을 보기가 힘들었다. 몇 년 전에도 그녀는 늑막염에 시달리는 아들을 보러 대학을 방문한 적이 있었는데, 지금은 그때보다 상태가 더 안 좋아 보였다.

"조나단은 올해만 해도 여러 번 도시를 옮겨 다녔어요. 뉴욕에 있다가 강의를 하러 예일 대학교까지 갔죠. 볼턴Bolton이라는 작은 마을의 목사로 초청을 받기도 했어요. 그 이야기를 들은 적 있나요?"

조나단의 어머니가 아이작에게 물었다.

"네. 볼턴은 윈저Windsor 사람들이 정착한 신도시잖아요. 뉴욕에서 볼턴까지 움직이는 게 쉽지 않은 일이었을 거예요. 볼턴은 아주 작은 시골 마을이니까요."

아이작이 말했다.

"쉽지 않은 결정이었죠. 조나단은 뉴욕 부둣가 근처 교회에서 설교하는 일을 정말 즐거워했으니까요. 하지만 조나단은 하나님께서 그를 다른 곳으로 이끄신다는 걸 느꼈어요."

어머니는 기억을 떠올리며 말했다.

"강의할 때 있었던 일들을 이야기해 주세요."

아이작이 말했다.

"정말 힘들었다고 들었어요. 어쩌면 조나단이 쓰러진 게 그 때문일지도 모르겠네요. 본래 조나단은 뭐든 열심히 하는 아이였어요. 시간이 비는 날이면, 조나단은 자연을 공부하고 그림을 그리거나 영적 훈련으로 하루를 채웠어요. 그래서 조나단이 강사 일을 맡겠다고 결정했을 때, 나는 그가 바쁜 일정을 꽤 좋아할 거라고 생각했어요. 그래도 너무 열심히 일했던 것 같더군요. 조나단이 예일 대학교에서 유명 초대 강사들의 수업을 정리하고, 학생들이 과제를 이해하는 걸 돕는 일에 추가 수당을 받은 걸로 알고 있어요."

어머니가 설명했다.

"조나단은 보통 하루를 어떻게 보냈나요?"

아이작이 물었다.

"글쎄요, 해가 뜨면 학교 예배당에서 예배를 드리는 것으로 시작했어요. 그리고 아침에 2-3개의 강의를 했고요. 정오에 점심을 먹고, 오후 4-5시까지는 저녁기도에 참석한 후에 저녁 식사를 하러 갔다가 밤 11시까지 공부를 했어요. 조나단 나이 또래에게는 힘든 일정이었죠."

어머니가 아직 말하고 있을 때, 아이작이 침대 밑에서 가방 하나를 꺼내 그녀에게 건넸다.

"조나단을 발견했을 때 그가 갖고 있던 가방이에요. 어머니께서 도착하시면 보려고 아직 열지 않았어요."

어머니는 가방 안에서 두 권의 책과 종이 뭉치를 꺼냈다.

"조나단이 공부하던 건가 봐요."

어머니가 하나씩 살피며 말했다. 윌리엄 에임스William Ames(번역자 주: 대표적인 청교도인 신학자다)의 『양심의 사례들』, 존 로크John Locke(번역자 주: 영국의 계몽주의 철학자이자 정치사상가다)의 『인간 오성론』 그리고 그가 쓴 설교문인 「신앙의 즐거움」과 「세상의 어떤 것도 천국의 영광에 비할 수 없습니다」였다.

그녀는 책과 설교문을 책상 위에 올려놓고 돌아서서 아이작에게 이야기했다.

"조나단이 석사 학위를 딴 뒤에 볼턴에서 목사님으로 초빙을 받았어요. 그 교회 성도들은 항상 무언가로 다투는 등 그다지 행복한 사람들이 아니었던 것 같았어요."

그녀가 조나단이 누워 있는 침대 곁에 앉으며 계속 말을 이어갔다.

"조나단은 그곳에서의 시간을 긍정적으로 바라보려고 노력했고, 그의 설교는 항상 좋았어요. 하지만 한번은 내게 편지로 교회 사람들이 마치 서로 물어뜯으려고 다투는 양과 같다고 말한 적이 있어요. 그 당시에 예일 대학교에서 강사 자리를 제안한 것은 축복이었어요."

"그를 쓰러지게 했을 만한 일이 또 뭐가 있었을까요?"

아이작이 물었다.
어머니는 한숨을 내쉬었다.

"조나단이 영적으로 힘들어했던 일에 대해 말해 준 적이 있어요. 조나단은 마음속에서 그의 신앙이 떨어져 나가는 것 같고 무감각해지는 것 같다고 했어요. 그렇게 말하는 걸 한 번도 본 적이 없었는데, 그래도 하나님께서 그의 마음을 지켜 주시리라 생각했어요."

****

"쾅! 쾅! 쾅!"

"누구지?"

아이작이 문으로 걸어가며 말했다. 아이작은 사슴 사냥용 총을 들고서 천천히 문을 열었다. 어두운 색의 머리카락을 가진 젊은 여자가 그를 올려다봤다. 그녀는 깔끔한 파란 원피스를 입고 있었다.

"제 이름은 세라 피어폰트Sarah Pierpont라고 합니다. 조나단을 보러 왔어요."

아이작이 총을 치우고 여자를 안쪽으로 들어오게 했다.

"조나단이 여기 있는 건 어떻게 알았습니까?"

"티모시 에드워즈께서 말씀해 주셨어요."

아이작의 질문에 세라가 대답했다.

"이제, 제발 그를 볼 수 있게 해 주세요."

아이작이 세라를 조나단이 있는 방으로 안내했다. 조나단이 침대에 누워 있는 것을 보자 그녀의 눈에 눈물이 그렁그렁 맺혔다. 조나단의 피부는 그녀가 전에 본 적 없이 창백했다. 세라는 조나단의 어머니를 바라봤다.

"조나단에게 말씀 많이 들었어요. 만나 뵙게 되어 너무 기뻐요."

세라가 말했다.

"우리 아들을 어떻게 알고 있나요?"

어머니가 물었다.

"조나단이 웨더즈필드에 있는 학교에 다닐 때, 뉴헤이븐에 있는 저희 아버지께서 목회하시는 교회에 다녔어요. 그때 저는 고작 열세 살이었지만, 우린 친구가 됐어요. 저희 증조할아버지께서 하트퍼드Hartford를 개척하신 토마스 후커Thomas Hooker세요."

"최근에도 조나단과 함께 시간을 보냈나요?"

어머니의 조심스러운 물음에 세라가 미소 지었다.

"그렇다고 할 수 있어요. 조나단이 얼마 전에 제게 써 준 시를 하나 갖고 왔어요. 읽어 보시겠어요?"

세라는 고이 접힌 종이 한 장을 내밀었다.

> 사람들은 뉴헤이븐에 한 젊은 숙녀가 있다고 말했다.
> 이상하리만치 상냥한 마음을 가진 숙녀.
> 애정이 남다른 순수함을 지닌 그녀는
> 모든 행동 하나하나가 너무나 칭찬받을 만하며
> 그녀에게 잘못된 행동이나 죄를 짓게 만드는 일은 불가능하다.
> 그녀는 세상에서 가장 평온하고 친절한 사람이다.

"조나단의 글씨체네요. 아가씨에 대해 이 시가 말하는 내용이 사실이라면, 나는 두 사람의 만남이 더없이 기뻐요."

두 사람의 대화가 이어지던 중 갑자기 조나단이 눈을 떴다.

"조나단!"

아이작이 침대로 달려가며 외쳤다.

"여기가 어디지?"

조나단의 어머니와 세라가 어리둥절해하는 조나단의 손을 잡았다.

"조나단, 여기는 네 친구 아이작 스타일스 집이란다. 네가 숲에 쓰러져 있었대. 기억 안 나니?"

어머니의 말에 조나단이 기억을 더듬으려 애썼다.

"예일에서 어머니와 아버지가 계신 이스트 윈저로 떠난 건 기억나요. 숲을 지나고 있었고, 그곳에 거미가 있었던 것 같아요. 갈색과 빨간색의 전에 본 적 없던 거미였어요. 더 가까이에서 보려고 나무를 타고 올라갔어요. 거기까지 기억이 나요."

"나무에서 떨어진 게 분명해. 발견돼서 다행이지. 거기에 계속 있었으면 큰일났을 거야."

아이작이 말했다.

"저 배고파요."

조나단이 침대에서 일어나 앉으며 말했다.

"너는 3일 동안 아무것도 먹지 못했단다. 내가 수프를 끓여 줄게."

조나단의 어머니가 말했다. 그리고 조나단의 이마에 입을 맞춘 후 부엌으로 갔다. 이어서 세라가 두 팔로 조나단의 목을 끌어안았다.

"무사해서 다행이야."

조나단이 놀라 눈썹을 들어 올렸다.

"죄송한데, 우리 만난 적이 있던가요?"

세라는 어리둥절했다.

"당연히 만난 적이 있지. 조나단, 나 세라야. 몇 년 전에 대학에 다닐 때 만났잖아. 함께 숲속을 걷던 것 기억나? 그때 나한테 하나님에 대해, 그리고 하나님의 은혜에 대해 말해 줬잖아. 그리고 나는 애플 파이 만드는 법을 알려 줬고. 나 기억 못 하겠어?"

그녀가 말했다.
조나단은 혼란스러웠다.

"머리를 세게 박은 것 같아. 기억이 잘 안 나."

"의사 선생님이 그럴 수도 있다고 했어. 기억상실증이 올 수도 있지만 금방 기억이 돌아올 거래."

아이작의 말에 조나단은 두려웠다. 그가 살면서 잃고 싶지 않은 게 한 가지 있다면, 그것은 기억이었다. 친구를 잊어버린다는 것도 끔찍한 일이었지만, 구원자 예수님을 잊어버리는 것은 지옥과도 같았다.

"세라, 네가 말하는 것처럼 우리가 아는 사이라면 신앙에 대해 내게 질문해 줘."

세라는 잠시 생각에 잠겼다.

"좋아. 그럼 존 칼빈이 누구고, 그가 믿은 건 뭐지?"

조나단이 머리를 긁적였다.

"존 칼빈은 16세기 스위스 신학자로, 하나님의 절대주권을 강조했고, 하나님은 세상이 만들어지기 이전부터 영원한 멸망에서 하나님의 백성을 구하려고 계획하셨다는 걸 가르쳤어."

종교개혁에 대해 종종 아버지와 이야기를 나눴던 세라는 존 칼빈의 성경관을 이보다 더 완벽하게 요약한 것을 들어보지 못했다.

"그러면 야코부스 알미니우스 Jacobus Arminius는 누구야?"

"그건 너무 시시한 질문이잖아. 조금 더 어려운 걸 물어봐."

세라는 물러서지 않았다.

"내 질문에 대답하기 전까진 안 돼."

세라가 능글맞게 웃으며 말했다.

"알겠어. 야코부스 알미니우스는 16세기 네덜란드 개신교 신학자인데, 사람들이 태어날 때부터 하나님의 은혜를 선택할지 거부할지의 능력을 갖추고 있다고 믿었어."

조나단이 대답했다.

"훌륭해!"

세라가 말했다.

"그럼 이제 둘 중에 무얼 믿어야 된다고 생각하는지 말해 봐."

조나단은 머뭇거렸다. 하지만 이내 막힘없이 말했다.

"인간이 하나님을 선택할 정도로 선하다고 믿는 게 기분은 좋을 것 같지만, 성경은 이와 정반대라고 말씀해. 성경책에 기록된 바로는, 하나님께서 우리를 먼저 사랑하셨기에 우리가 하나님을 사랑한다고 했어. 이 말은 하나님께서 우리를 먼저 선택해 주시지 않는 한 어느 누구도 하나님을 선택할 타고난 능력이 없다는 걸 의미하지. 게다가 예레미야 1:5를 보면, 하나님께서 예레미야에게 이렇게 말씀하셨어. '내가 너를 모태에 짓기 전에 너를 알았고 네가 배에서 나오기 전에 너를 성별하였고 너를 여러 나라의 선지자로 세웠노라 하시기로'. 아마도 하나님은 예레미야를 선택하신 것뿐만 아니라 하나님의 전달자로 그를 만드시고 세우시기까지 한 것 같아. 세라, 내 기억이 점점 돌아오고 있는 것 같아."

"나는 아직 기억 안 나?"

세라가 물었다.

조나단이 열심히 생각했다. 그는 대학에 가서 자연과 과학을 공부한 것을 기억했다.

"우리가 함께 걸었던 것 같은 기억이 나. 이제는 신선한 공기를 좀 쐬야 할 것 같아."

****

조나단은 세라의 도움을 받아 침대 밖으로 나와 바깥으로 나갔다. 얼마 지나지 않아 조나단과 세라는 정원의 조용한 곳에서 대화를 나눴다. 세라가 아름다운 일출을 보며 감탄했다.

"정말 하나님께서 구름을 물감에 담그신 것 같아."

조나단도 동의했다. 그리고 나서 세라를 바라봤다.

"이상하게 네가 되게 낯설지 않은 느낌이야. 우리가 얼마나 오래 알았어?"

"우리는 2년 전에 우리 아버지께 결혼 승낙을 받으려 했었어."

"아버지는 뭐라고 하셨어?"

세라가 미소 지었다.

"한번 맞춰 봐."

조나단은 기억하려고 애를 썼다.

"아버님은 내가 딸의 결혼을 허락할 세상에서 단 한 명의 남자라고 말씀하셨어. 세라, 나 모두 기억나. 너도 기억나고 우리가 함께 걷던 길이랑 내가 써 준 시도 기억나. 그리고 다치기 전에 내가 심각하게 낙담하고 있었던 일도 기억해. 나는 영적 침체에 빠져 더는 기도하기도 싫고 성경을 읽고 싶지도 않았어. 그래 이제 기억나. 나는 하나님에 대해 생각하거나 섬기기조차 싫었어."

"지금은 어떤 기분이야?"

세라가 물었다.

"새로운 사람이 된 것 같은 기분이야. 죽음에 대한 공포가 내 안에 천국에 대한 열망을 일깨워 줬어. 나는 다시 한번 온 마음을 다해 하나님을 섬기고 싶어. 나는 하나님께서 나의 병을 치료해 주셨다고 믿어."

조나단은 세라의 손을 잡고 나무 근처로 이끌었다. 그는 자주 이렇게 나무 밑에 앉아 곤충과 돌멩이를 그리곤 했다. 조나단은 곤충과 돌을 통해 하나님께서 드러내시는 아름다움을 봤다. 하지만 오늘 아름다움이 다른 모습으로 드러났고, 조나단은 나무 밑동에 세라를 앉혔다.

"지금 막 한 가지 더 생각난 게 있어."

"자연에 대한 또 다른 영적 통찰력이 떠오른 거야?"

그녀의 물음에 조나단은 고개를 저었다.

"아니면 성령님에 대한 비밀?"

그녀가 다시 물었다.

"아니, 그것도 아니야."

조나단은 세라 앞에 한쪽 무릎을 꿇고 앉아 그녀의 두 손을 잡았다. 두 사람이 이렇게 손을 잡은 적은 처음이었다.

"세라 피어폰트, 나랑 결혼해 주겠습니까?"

세라는 말문이 막혔다. 2년 전에 아버지께 결혼 승낙을 받았지만, 이렇게 빨리 청혼을 받을 줄 예상하지 못했다. 그녀는 열다섯 살이었고, 친구 중 누구도 결혼한 사람이 없었다. 그녀는 조나단의 눈 속을 들여다봤다. 그의 눈은 확고했고 여느 스물한 살의 눈보다 더 성숙했다.

"네. 당연히 결혼하겠어요."

세라가 대답했다.
조나단은 너무 기쁜 나머지 공중으로 펄쩍 뛰었다. 흥분된

감정이 그의 차분한 이성을 끝내 압도한 것이다. 그는 세라와 함께 아이작의 오두막으로 돌아갔다.

"결혼식은 2년 후에 하자."

그가 말했다.

"그래. 대부분 여자들이 스물세 살에 결혼하지만, 아버지와 이미 이야기를 마친 일이니까 하나님께서 우리의 이른 결혼을 축복해 주실 거라고 믿어."

세라가 대답했다.
나무 사이를 지나 걸으며 조나단의 마음에 한동안 생각한 적 없던 성경 구절이 떠올랐다.

"영원하신 왕 곧 썩지 아니하고 보이지 아니하고 홀로 하나이신 하나님께 존귀와 영광이 영원무궁하도록 있을지어다 아멘" 디모데전서 1:17.

"세라, 너는 모든 일에 뛰어나시고 영원하신 하나님 아버지께서 이 세상을 만드시기 전에 우리를 맺어 주려 하셨다는 걸 믿어?"

"그런 생각을 해 본 적은 없어. 하지만 정말 모든 것이 하나님의 놀라운 계획 안에 있다면, 우리를 만드시고 함께하라고 정하신 게 맞는 것 같아. 그 사실이 내가 생각했던 것보다 우리의 관계를 더 특별하게 만들어 줘. 우리가 하나님의 계획을 함께 믿어서 좋아."

그녀가 말했다.
조나단은 태양이 나무 밑을 물들이는 것을 바라봤다.

"모든 것에는 목적이 있어."

그가 말했다.

"코페르니쿠스가 발견했듯이 지구가 태양 주위를 돌며 하나님께 순종한다면, 지구 위에 사는 우리는 당연히 하나님께 순종해야지. 세라, 하나님은 어떤 목적을 갖고 너를 내 삶에 보내 주셨어. 나는 우리가 따로 했을 때보다 함께할 때 하나님을 더 잘 섬길 거라고 믿어."

심판의 날

1727년, 10월 29일, 코네티컷 주, 노샘프턴(Northampton)

"니느웨 사람들이 그들을 향한 하나님의 진노를 들었을 때, 그들은 옷을 찢고 회개했습니다. 그들은 전능하신 하나님 앞에 엎드리고 기도하며 금식했습니다."

조나단이 설교를 하는데, 십 대 아이들 몇몇이 예배당 뒤쪽에서 키득거리고 있었다. 주일 저녁이라 밖은 어두웠지만 조나단은 아이들의 행동을 볼 수가 있었다. 아이들은 그의 말을 흉내를 낼 뿐만 아니라 성경 말씀까지 따라 했다. 조나단은 아이들을 무시하고 설교를 계속했다.

"니느웨 사람들처럼 우리 또한 진정한 개혁이 필요합니다. 저는 오늘 밤 이곳에 모인 여러분 중 몇몇이 정숙함을 잃고 술에 취한 삶을 살아가고 있다고 들었습니다. 만일 우리가 무릎을 꿇고 하나님께 자비를 구하지 않는다면, 심판의 날이 우리에게 다가올 겁니다."

십 대들 중 한 아이가 종이에 그림을 그려 앞줄에 있는 성도석으로 넘겼다. 종이가 한 줄씩 앞으로 넘어갈 때마다 소년들은 그 낙서를 보고 웃음을 터뜨렸다. 조나단이 새로 간 교회는 주일에 천 명이 넘는 성도들이 참석했다. 그런데 몇 명의 짓궂은 소년들 때문에 예배 전체가 엉망이 될 수 있었다.
조나단은 계속 설교를 이어 나갔다.

"우리 중에는 자기 영혼을 제대로 돌보지 않는 사람들이 있습니다."

조나단은 꿰뚫어 보는 듯한 눈으로 뒤편에 앉은 아이들을 쳐다봤다.

"여러분은 매주 교회에 나오시지만, 설교 시간에 쓸데없는 잡담을 하거나 우스운 이야기를 하며 하나님을 존중하지 않음으로 예수님의 얼굴에 저주를 퍼붓습니다."

십 대들은 더 날뛰었다. 그들은 더 많은 그림을 그려서 주변으로 넘겼다.

"사랑하는 여러분, 어리석은 자가 되지 마십시오. 우리는 하나님의 자비로운 은혜가 아니면 모두 지옥으로 곧장 인도하는 흥미만을 쫓게 될 겁니다. 오늘 저녁 저는 우리가 불지옥으로 떨어지지 않도록 지키시는 예수님 한 분 앞에 진정한 믿음과 겸손을 갖기를 간청합니다."

돌연 아이들이 조용해졌다. 그들의 눈은 설교가 이어질수록 조나단에게 고정됐다. 아이들 앞에 앉아 있던 사람들이 그 모습을 보고 술렁이기 시작했다.

"무슨 일이래?"

그들은 수군거렸다.

"한번은 난로에 손을 덴 적이 있습니다. 그것보다 더한 고통과 괴로움을 겪은 적이 없었습니다. 뜨거운 쇠에 피부가 녹기 시작했고 저는 바로 손을 뗐습니다."

조나단은 성경책을 덮고 손을 들어 상처를 보여 줬다.

"지옥은 이보다 더 뜨거울 겁니다. 게다가 그곳에 한 번 가면 절대 벗어날 수 없습니다. 지옥은 태양이나 화산보다도 뜨겁습니다. 우리가 상상할 수 있는 그 어떤 불보다도 뜨겁습니다."

십 대들은 낙서 종이를 바닥에 떨어뜨리고 점점 두려워하기 시작했다.

"하나님의 분노가 우리 위에 있어."

아이 중 한 명이 소리쳤다. 다른 아이들도 소리치며 자리에서 일어났다.

"오늘 이 시간, 여러분의 영혼을 잘 지키십시오. 우리에게 다른 약속은 없습니다. 예수님을 믿고 그분의 은혜를 구하십시오. 하나님께서 여러분을 영원한 지옥에서 구해 주실 겁니다."

조나단은 계속 설교했다.

****

그때 갑자기 땅이 흔들리기 시작했다.

"지진이다!"

누군가 외쳤다. 갑작스레 벽들이 앞뒤로 흔들리고 천장에서는 가루가 떨어졌다.

"도와주세요!"

창문들이 깨지며 한 여자 성도의 머리 근처로 떨어졌다. 조나단은 재빨리 달려가 성도석에 있던 남자들과 함께 그녀를 도왔다. 조나단은 이 교회가 진동을 견딜 수 있는 것을 알고 있었다. 그는 지진을 겪은 것이 처음이지만 지진에 대해 공부한 적이 있었다. 어렸을 때 자연현상에 관해 많은 책을 읽었고, 지진이 땅 속의 암반이 갈라지면서 일어나는 현상이라는 것도 알고 있었다. 그는 지구상에 지진이 자주 일어나는 장소가 있다고 알고 있었는데, 신대륙에서 지진이 일어날 줄은 몰랐다.

"오늘 밤 여러분의 영혼 상태는 어떻습니까?"

조나단이 외쳤다.

"하나님 저를 용서해 주세요!"

몇몇 사람들이 죄를 고백했다. 어떤 사람들은 교회 밖으로 도망쳤지만, 대부분이 교회 복도에 엎드려 자신의 죄를 회개하고 하나님께 구해 달라고 기도했다. 앞쪽에는 예배당 뒤편에서 장난치던 소년들이 나와 있었다.

"하나님, 저도 용서해 주세요. 지난주에 마이클Michael 얼굴을 때린 것을 용서해 주세요."

"저는 사과를 훔쳤어요."

십 대 아이들이 앞다투어 회개하기 시작했다. 그때 낙서 종이를 돌린 아이가 조나단 앞에 무릎을 꿇고 울기 시작했다.

"하나님, 제 영혼을 용서해 주세요. 오늘 밤 예수님을 저주한 저를 용서해 주세요. 이 지진으로 저를 지옥에 보내지 말아 주세요."

교회의 흔들림이 조금씩 멈췄고 조나단은 설교단으로 돌아갔다. 그리고 다시 설교를 시작했다.

"삶에 우연은 없습니다. 모든 일에는 이유가 있습니다. 하나님께서 오늘 밤, 우리에게 하나님을 믿지 않으면 영원히 죽을 것이라는 신호를 보내셨습니다."

****

예배가 끝난 후, 조나단과 세라는 딸의 손을 잡고 집이 위치한 킹 가(King street)쪽으로 걸어갔다.

"조나단, 우리가 노샘프턴에 온 게 정말 잘한 일이라고 생각해?"

세라가 물었다.

"이게 좋은 생각이었는지는 모르겠어. 다만 하나님께서 우리를 이곳으로 이끄셨다는 걸 알아. 당신도 알다시피 우리 할아버지께서 목사 일을 도와줄 사람을 필요로 하셨잖아. 여든 살이 넘으신 후로 몸이 매우 안 좋아지셔서 그 자리를 채워 달라고 말이야."

조나단이 대답했다.
조나단이 가족들을 대문 안으로 들여보내는데 달빛이 농장 입구를 환하게 비추었다.

"교회에서 우리에게 10에이커(약 12,240평)의 땅을 사 줬어. 마을 건너편에 40에이커(약 48,960평)를 농지로 사용하라고 주기도 하고. 교회에서 내게 사역비를 잘 주는 덕분에 당신과 우리 딸 세라를 부양도 할 수 있고 말이야."

"나도 하나님께서 우리를 이곳으로 데려오신 걸 알아. 그렇지만 나는 전에 지진을 겪은 적이 한 번도 없었어. 혹시 이게 나쁜 신호 같지 않아?"

조나단은 세라의 손을 잡고 집 뒤쪽에 있는 헛간으로 데려갔다. 이웃들이 조나단의 가족들을 위해 헛간을 짓고 있었다. 아직 짓는 중이라 지붕이 없고 헛간 문은 바닥에 뉘어 있었지만, 그 자체로 이미 하늘에서 주신 축복이었다.

"거대한 움직임은 언제나 거대한 마찰력을 발생시켜. 우리는 어려운 상황에서 도망치면 안 돼. 설령 지진이 나더라도 말이야. 하나님께서 천국을 만들고 사람들을 구원하기 위해 이 세상에서 일하고 계실 때, 사탄도 역시 우리의 믿음을 무너뜨리기 위해 애쓰고 있기 때문이야."

조나단이 말했다.

"당신의 설교를 듣는 사람 중에는 당신이 말하는 지옥을 믿지 않는 사람들이 있어. 그들은 내게 와서 사람들과 아이들이 무서워한다는 이유로 당신이 사탄에 대해 이야기하는 걸 멈춰야 한다고 말해."

조나단은 아내를 향해 고개를 돌렸다.

"예수님은 천국보다 지옥에 관해 더 많이 말씀하셨어. 내가 우리 성도들을 너무 사랑하고 있기에, 지옥의 경고를 멈출 수가 없지. 그리고 사람들이 죄의 심각성과 하나님을 믿지 않고 죽었을 때의 위험성을 알게 된다면, 우리에게 아낌없이 주시는 하나님의 은혜에 깊이 감사하게 될 거야."

조나단의 말에 세라가 고개를 끄덕였다. 그녀는 조나단이 이야기하는 하나님과 믿음에 대해 듣는 걸 좋아했지만, 그녀 역시 혼자만의 의심을 품고 있었다. 그녀는 가끔 성경을 이해하기 어려웠다. 그녀는 어떻게 예수님께서 물 위를 걸으셨는지, 한 명이 먹기에도 부족한 양식으로 오천 명을 먹이셨는지, 그 외에도 성경 속 모든 기적을 이해할 수 없었다. 그녀는 의심이 많았지만 조나단과 이야기하면서 그 의심들은 하나님을 더 깊이 알아가고자 하는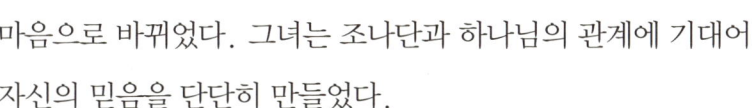
마음으로 바뀌었다. 그녀는 조나단과 하나님의 관계에 기대어 자신의 믿음을 단단히 만들었다.

하지만 그녀는 노샘프턴의 교회가 자신의 남편이 목사로 있기에는 너무 크다는 것 또한 염려됐다. 그 교회는 이전에 조나단이 설교했던 그 어느 교회보다도 컸다. 게다가 그녀는 남편이 글쓰기에 얼마나 열정을 가졌는지도 알고 있었다. 조나단은 종종 다음에 낼 책을 그녀에게 먼저 보여 줬지만, 그녀는 그가 어떻게 글을 쓸 시간이 있었는지 전혀 알 수 없었다.

"나도 하나님께서 모든 걸 통제하고 계심을 알아, 조나단. 또 나는 하나님께서 이 마을을 향한 하나님의 뜻을 당신을 통해 이루실 거라고 믿어."

그녀의 고백이 끝나자마자 다시 땅이 흔들리기 시작했다.

"또 지진이야!"

세라가 비명을 질렀다. 헛간의 나무판자 몇 개가 우지직 소리를 내더니 땅으로 떨어졌다. 조나단은 아내와 딸을 잡고 나무나 건물이 없는 풀밭으로 뛰었다.

"여기 엎드려 있어. 이런 걸 '여진'이라고 해. 다음 며칠간 여러 번 여진이 올 거야."

세라가 조나단의 말을 듣고 잔디에 얼굴을 묻었다. 마치 지구의 배 속이 요동치듯, 그들 밑에서 흔들리는 땅이 느껴졌다.

"하나님의 선하심과 기쁘신 뜻에 따라 우리의 생명을 지켜주세요."

조나단이 기도했다.

멀지 않은 곳에서 참나무가 넘어져 땅에 부딪혔다. 숲 전체가 격렬히 진동하자 새들이 내려앉을 안전한 곳을 찾으며 나무들 위를 날아다녔다.

"하나님의 진노가 이보다 더할까?"

세라가 남편의 설교를 떠올리며 물었다.

"훨씬 심할 거야. 우리는 부흥이 필요해."

조나단이 머리를 잔디에 숙이며 대답했다.

****

조나단은 다음 날 새벽 4시에 일어났다. 그는 보통 이 시간

에 일어나 기도와 성경 공부로 하루를 열었다. 그는 매일 아침 이렇게 일찍 일어나 책 집필과 독서, 기도 등으로 대략 13시간 정도를 보냈다. 세라는 늘 아침 9시 30분 정도에 아침을 준비해 와서 남편과 함께 약 2시간을 기도했다.

"하나님, 지진으로 우리 교회 성도 중에 다친 사람이 없기를 기도합니다. 흔들리는 동안 하나님의 사랑과 평안의 팔로 사람들을 안아 주세요."

조나단이 기도했다. 그때, 임신 중으로 몸이 좋지 않았던 세라가 평소보다 일찍 일어나서 조나단의 서재로 들어왔다. 그의 서재는 작았지만 잘 정돈돼 있었다.

"조나단."

그녀가 속삭였다.

"무슨 책 읽고 있어?"

조나단은 책을 내려놓고 고개를 돌려 아내를 바라봤다.

"『최후 심판의 날』이라는 책이야. 1662년에 마이클 위글즈워스Michael Wigglesworth가 쓴 책인데 종말의 날에 관한 내용이야."

세라가 책을 집어 들었다.

"끔찍하게 생겼는데?"

그녀가 말했다.

"정말로 그래."

조나단이 대답했다.

"당신이 쓰고 있는 책은 어떻게 되고 있어?"

조나단은 하나님께서 자신에게 중요한 책들을 쓰도록 부르고 계신다는 것을 알고 있었다.

"하나님을 모르는 사람들을 위한 책을 쓸 계획을 갖고 있어."

세라는 남편이 하는 일에 대해 듣는 것을 좋아했다. 그녀는 조나단이 사역으로 하나님께 영광 돌리며, 뜨겁고 신실한 기도에 열중하는 그의 방식을 사랑했다. 또 그녀는 조나단이 책  읽는 모습을 바라보는 것을 좋아했다. 그의 머리는 마치 스펀지와 같아서 흡수하는 모든 것을 기억했다. 처음 결혼했을 때, 그들은 밤늦도록 자신들이 읽은 책에 대해 나누곤 했다.

"우리 성도 중에 몇몇 어머니들이 지난주에 나를 찾아왔었어. 그분들은 자기 자식들을 매우 걱정하고 있었어."

"그 아이들이 뭘 했는데?"

조나단이 물었다.

"'번들링' bundling이라고 불리는 새로운 관습인데, 신대륙을 휩쓸고 있어."

"번들링? 들어 본 적 없는데."

세라는 한숨을 쉬며 남편 곁에 앉았다.

"수치스러운 일이야. 대부분의 부모가 이 일을 허락하고 있어. 번들링은 어린 소년소녀가 편한 옷을 입고 한 침대에 함께 들어가 잠을 자는 거야."

조나단은 자신의 귀를 의심했다.

"그 관습의 목적이 뭔데?"

"요즘 부모님들은 자식들을 덜 엄하게 교육하는 것이 가장 좋다고 생각해서 비신앙적인 일들을 허락하고 있어. 그런데 자신들이 한 결정에 대해 도덕적인 부분에 대한 의문이 부모들 사이에서 일어났고, 내게 상의를 하러 왔었어."

세라가 대답했다.

"성도들에게 이 일에 관해 이야기해 볼게. 나는 우리가 사는 이 신대륙에서 부모들이 자식들에게 부도덕한 일을 많이 하게 한다고 생각해. 교회에 다니는 부모들은 자기 아이들에게 성적인 유혹을 떨칠 힘이 있다고 믿고 있음을 확신해. 하지만 이 관습은 반드시 사라져야 해. 스스로 그리스도인이라고 고백하는 사람은 그리스인과 같이 행동해야 해. 우리와 세상을 위해서."

세라가 고개를 끄덕였다.

"어제 시편을 읽고 있었어."

그녀가 조나단의 성경책을 들고 시편을 펼치며 말했다.

> "사악한 마음이 내게서 떠날 것이니 악한 일을 내가 알지 아니하리로다" 시편 101:4.

"아이들이 함께 침대에 누우면, 비록 그들이 성적인 즐거움을 의도하지 않았더라도 그 자체로 악한 모습이야."

조나단이 동의했다. 그리고 에베소서의 말씀을 생각했다.

> "음행과 온갖 더러운 것과 탐욕은 너희 중에서 그 이름조차도 부르지 말라 이는 성도에게 마땅한 바니라" 에베소서 5:3.

"최근 신대륙 전체에 결혼 전에 임신하는 일이 늘어나고 있다는 것을 알게 됐어. 사실 나는 보스턴에 계신 한 목사님과 그 일로 이야기한 적이 있어. 목사님이 말씀하시길 그분이 계신 곳에 많은 젊은이가 결혼 전에 관계를 갖고 있고, 목사님은 교회 안에서 그런 일을 없애려고 노력하고 계신대."

세라가 방을 나서기 위해 일어섰다.

"젊은 세대의 앞날이 걱정돼."

세라의 말에 조나단 역시 동의했다.

"주여, 우리 아이들을 보호하시고 하나님의 길을 가르쳐 주세요. 하나님께서 그들을 아시고 사랑하심으로 인해 그들도 하나님을 알고자 하는 마음과 사랑하는 마음을 회복시켜 주세요. 그들은 어린 양이고, 하나님은 목자이십니다. 그들의 생명을 노리는 늑대로부터 그들을 지켜 주세요. 그리고 제게 이 험난한 시간 동안 하나님의 사람들을 제대로 이끌 수 있는 지혜를 주세요."

그가 기도했다.

****

몇 시간 후, 조나단의 집 문을 두드리는 소리가 들렸다.

"안녕하십니까?"

솔로몬 스토더드Solomon Stoddard가 인사했다.

"어서 안으로 들어오세요."

세라가 그를 조나단의 서재로 안내하며 말했다.

"할아버지!"

조나단이 벌떡 일어나며 말했다.
조나단과 할아버지 모두 노샘프턴에서 목사로 사역하면서부터, 자주 함께 시간을 보냈다.

"조나단, 나는 긴 세월을 살았단다. 나는 많은 것을 봤고 또 많은 사람을 알고 지냈지."

할아버지가 말했다.

"건강은 괜찮으세요?"

조나단이 물었다.

"요즘 기침이 잦구나. 이 세상에서 내 시간이 거의 다 한 것 같아. 그래서 네게 나누고 싶은 것이 있단다."

조나단은 할아버지의 말씀에 집중했다. 그의 할아버지는 조나단의 인생에 큰 영향을 준 사람 중 한 명이었다.

"너도 알다시피, 우리 지역사회의 영적 기온이 뚝뚝 떨어지고 있단다."

"네, 알아요. 오늘 아침에도 아내가 그것에 대해 말해 줬어요."

"네가 생각하는 것보다 더 상황이 좋지 않단다. 성도 중 몇 명이 스스로 생을 마감하려고 시도했단다. 그중 한 명은 성공했어."

할아버지는 의자에 등을 기대며 말했다.
조나단은 너무 놀라 입이 떡 벌어졌다.

"왜 그런 선택을 한 거죠?"

"그는 우울증을 앓고 있었단다. 그의 가족들 말로는 그가 꽤 심각한 상태였다고 하더구나. 의사가 말하기를 정신이 온전하지 않았다고 했어. 그는 고작 마흔두 살밖에 되지 않았는데 말이야."

조나단의 마음이 철렁 내려앉았다.

"사탄이 하나님의 진리가 세상으로 뻗어 나가는 일에 굉장히 분노하고 있는 것처럼 보여요. 사탄도 자신의 시간이 얼마 남지 않았다는 걸 아는 것 같아요."

조나단이 말했다.

"물론 사탄도 알다마다. 고대의 용(번역자 주: 여기서는 사탄을 지칭하는 말이다)은 천국에서 쫓겨나던 때를 기억하고 있단다. 마지막 날에 자신의 반역으로 인해  하나님께서 영원히 벌하실 걸 사탄도 알고 있지. 나는 네가 이걸 기억해 줬으면 한단다. 그리스도인들은 미래로 나아가기 위해 과거로 돌아가야만 해. 우리는 반드시 성경으로, 성경에 쓰인 역사와 우리 조상의 역사로 돌아가야 해. 우리는 우리가 어디에서 왔으며, 얼마나 고통을 받았는지 꼭 알아야 한단다. 우리는 복음을 지키기 위해 모든 위험을 감수했던 위대한 믿음의 조상들을 이해해야 하지. 그 후에야 비로소 우리는 세상과 육체와 그리고 마귀와 싸울 준비를 할 수 있어."

조나단은 그 누구에게도 이런 이야기를 들은 적이 없었다.

그는 역사에 있어서, 특히 기독교 역사에 관해서는 훌륭한 학생이었다. 그는 개신교 개혁자들이 어떻게 하나님의 은혜가 아무 대가 없이 받는 것임을 발견했는지, 또 어떻게 모든 사람이 스스로 성경을 읽을 수 있도록 정성스럽게 번역했는지 등을 연구하기를 좋아했다. 할아버지의 말씀을 듣고 나니 그 뜻이 모두 이해가 됐다. 과거에 관해 배운 모든 것이 그의 앞날을 위한 준비였다.

"조나단, 들어보렴. 내가 얼마 전에 벤저민 프랭클린Benjamin Franklin이라는 사람에 대한 글을 읽었단다. 그는 과학자인데, 번개가 공급하는 전력량을 거의 밝혀냈다고 주장했지. 게다가 그는 번개를 길들이고 통제할 수 있다고 믿고 있었어(번역자 주: 벤저민 프랭클린은 피뢰침을 발명했다)."

조나단이 웃음을 터뜨렸다.

"번개요? 번개를 통제한다고요? 그건 불가능해요."

잠시 생각을 한 후에 조나단이 자신의 말을 정정했다.

"어쩌면 가능할지도 몰라요. 하나님께서 우리에게 세상을 다스리게 허락하셨으니 번개도 다스릴 수 있을지 몰라요."

할아버지는 하나님께서 조나단에게 명석함과 신실한 믿음을 주셨음을 알고 있었다. 그가 조나단을 교회로 불러 목회 일을 돕게 한 것도 그런 이유였다.

"조나단, 이제 우리는 하나님께서 우리 교회에 부흥의 번개를 내리시도록 기도해야 한단다. 우리는 하나님을 임재하시도록 만들거나 통제할 수는 없지만, 하나님께 기도할 수는 있단다. 나는 돌아오는 주일에 이 내용을 갖고 설교할 예정인데, 네가 이번 주 동안 기도와 금식을 하며 보냈으면 한다. 젊은 세대의 부도덕성을 어떻게 다루면 가장 좋을지 기도해 보거라. 나는 네 기도가 하나님께 닿기를 기도하마."

"할아버지가 말씀하신 대로 할게요."

그가 지팡이를 할아버지께 건네며 말했다.
할아버지가 조나단의 어깨에 손을 얹었다.

"내 말을 잘 기억하거라. 하나님께서 진리의 말씀을 선포하기 위해 종들을 세우실 때가 있단다. 이 종들은 하나님의 말씀이 대중적이지 않을 때도 말씀을 선포한단다. 그들은 하나님의 말씀을 자신 속에만 두고 싶은 유혹을 뿌리치고 용감하게 예수님의 빛을 어둠과 죽어 가는 사회에 선포한단다. 그리고 조나단 너도 이 사람들 중 한 명이다. 하나님께서 너를 이 땅의 등대로 세우셨단다. 계속 공부하고, 계속 기도하거라. 그리고 무엇보다도 내 말을 잊지 말아라. 세상의 그 누구보다 네 안에 계신 하나님께서 위대하심을 선포해야 한다."

할아버지는 짧은 기도 후에 떠나셨다. 이후 조나단은 서재로 돌아왔다. 그는 누렇게 변하고 너덜너덜해진 성경을 펼쳤다. 그리고 사도행전을 찾아 예수님의 말씀을 큰 소리로 읽었다.

"오직 성령이 너희에게 임하시면 너희가 권능을 받고 예루살렘과 온 유대와 사마리아와 땅 끝까지 이르러 내 증인이 되리라 하시니라" 사도행전 1:8.

조나단은 이 구절을 수백 번도 넘게 읽었지만, 이번에는 다른 느낌이 들었다. 새롭고 신선한 느낌이었다. 조나단은 다시 한번 말씀을 묵상하고 하나님께 기도했다.

"하나님, 제가 지구의 땅 끝인 이곳 코네티컷 주에서 계속 하나님의 증인이 되도록 도와주세요."

각성 운동

1741년, 7월 8일,
매사추세츠 주(Massachusetts)와 코네티컷 주 경계,
엔필드(Enfield)

"부흥의 물결이 빠르게 퍼지고 있습니다."

조세프 미첨 Joseph Meacham이 말했다.

"그리고 하나님께서 오늘 제 설교를 사용해 그 물결이 계속 이어지도록 해 주실 겁니다."

조나단이 말했다.

조세프는 노샘프턴에서 그리 멀지 않은 코번트리Coventry 마을의 목사였다. 조세프는 조나단, 스테판 윌리엄Stephen William(번역자 주: 조나단의 배다른 사촌이다) 그리고 코네티컷 주에서 온 다른 성직자들과 함께, 신대륙 전역에 각성 운동의 불을 지피기 위해 근처 지방을 여행하고 있었다.

"조나단, 조지 화이트필드George Whitefield와 함께했던 일을 말해 주세요."

스테판이 말했다.
조나단은 화이트필드가 신대륙으로 설교 여행을 왔던 지난해를 떠올렸다.

"그는 젊습니다. 아직 스물다섯 살밖에 되지 않았죠. 하지만 그의 목소리는 1km 너머까지 들릴 정도로 우렁찼습니다."

조나단이 말했다.

"벤저민 프랭클린이 그에게 했던 실험에 관한 이야기가 사실입니까?"

조세프의 물음에 조나단은 고개를 끄덕였다.

"사실일 뿐만 아니라, 오히려 기적과도 같은 이야기가 축소돼 전해졌습니다. 프랭클린은 야외에서 화이트필드의 목소리를 얼마나 많은 사람이 들을 수 있는지 실험했는데, 2,500여 명의 사람이 동시에 그의 목소리를 들을 수 있다는 사실을 발견했습니다. 하나님은 화이트필드를 진실로 축복하셔서 혁명적인 설교자로 세우셨습니다."

"화이트필드는 목사님 댁에서 어떻게 지냈나요?"

스테판이 물었다.

"화이트필드가 노샘프턴에 있는 우리 교회에 왔을 때, 그를 우리 집에서 머물게 한 것은 무척 행운이었습니다. 그가 우리 아이들에게 하나님에 관한 이야기를 해 줬는데, 딸 제루샤는 그 일로 하나님을 마음에 영접하게 됐습니다."

"그의 설교 방식은 어땠나요?"

스테판의 질문에 조나단이 잠시 고민했다.

"그와 저는 설교 방식이 많이 다른 편입니다. 화이트필드는 매우 감정적인 설교자입니다. 종종 손을 들고 흔들고, 설교문 없이 설교를 하고, 설교 중에 눈물을 흘리기도 합니다. 그는 저보다 더 기운이 넘치는 사람입니다. 하지만 저는 우리 사이에 예수님에 대한 열정과 하나님을 섬기고자 하는 큰 뜻이 같음을 느꼈습니다. 그가 우리 교회에서 부흥에 대해 설교하기 시작했을 때, 나 역시 다른 성도들과 마찬가지로 눈물을 흘렸습니다."

스테판은 이야기를 더 듣고 싶어 했다.

"그가 보스턴에서 2,500여 명의 사람을 모아서 설교했다는 이야기를 들었습니다. 신대륙 어디에서도 그렇게 많은 사람이 모인 적은 없었어요."

"그리 오래되지 않은 일입니다. 화이트필드가 제게 편지를 한 통 보냈습니다. 그가 편지에 쓰기를 벤저민 프랭클린이 그에게 오하이오Ohio에 가서 정착하기 원하느냐고 물었다고 했습니다. 그게 우리가 있는 코네티컷 주보다 더 좋은 인디언 전도 사역의 본보기가 될 거라면서요."

조나단의 말에 성직자들은 무척이나 놀랐다.

"하지만 프랭클린과 화이트필드는 하나님에 대해 다른 의견을 갖고 있지 않습니까?"

"그렇습니다."

조나단이 계속 말을 이어 나갔다.

"그들이 서로 다른 견해를 갖고 있음에도 불구하고, 화이트필드가 그렇게 능력 있고 유명한 벤저민 프랭클린에게 깊은 인상을 줬다는 것이 놀랍지 않습니까? 그가 잉글랜드로 떠나기 전에 저는 화이트필드와 산책을 했습니다. 그때 사실은 제가 그처럼 감정적인 설교를 그다지 좋아하지 않는다는 이야기를 했습니다. 그는 굉장히 친절하게 대응했지만 제가 한 말을 그리 달가워하지 않았으리라 생각합니다."

"저는 당신의 그런 모습이 좋아요, 조나단. 당신은 결코 원칙을 적용함에 있어서 타협하지 않았지요. 이제는 당신을 위해 기도합시다. 이곳 엔필드에서 복음을 전할 준비를 해야 해요."

스테판이 말했다.
그리고 그가 기도를 시작하자 성직자들이 그를 둘러쌌다.

"하나님, 오늘 당신의 종 조나단을 높여 주세요. 주님의 입술에서 나온 말씀을 그에게 주셔서 하나님의 자녀들에게 전달하게 하시고, 그로 인해 듣는 사람들의 귀와 마음이 열리게 인도해 주시길 원합니다. 특별히 설교의 주제를 위해 기도합니다. 거짓을 알고 있는 사람들에게 하나님의 진리의 말씀이 전해지도록 인도해 주세요. 아멘."

****

스테판이 기도를 멈추고 조나단에게 속삭였다.

"설교 주제가 뭐예요?"

"진노한 하나님의 손에 붙들린 죄인들입니다."

조세프는 깜짝 놀랐다. 그는 그런 설교 주제를 들어본 적이 없었기 때문이다. 기도를 마친 후, 조나단과 성직자들은 예배당의 강단에 올라가 자리에 앉았다. 찬송가가 흐르고 있었지만 그곳에 모인 청중 모두가 쓸데없는 잡담을 나누고 있었다.

"이제 일어나 하나님을 찬양합시다."

조세프가 찬송가를 펴며 말했다. 찬양하는 것은 신대륙에서 몇 년 동안 논쟁거리가 됐다. 어떤 사람들은 청교도는 오직 시편처럼 음악을 위해 쓰인 성경 구절만 노래해야 한다고 말했다. 다른 편에서는 성경 구절을 그대로 가져올 필요 없이 말씀이 주제로 된 성스러운 노래를 불러도 된다고 주장했다. 음악과 시 쓰는 것을 공부한 조나단은 하나님의 영원하신 진리의 말씀을 창의적으로 만든 새 찬송가를 좋아했다.

"138장 「햇빛을 받는 곳마다」를 찬송합시다."

조나단은 이 찬양을 좋아했다. 이 곡은 예수님께서 세상에서의 절대적인 주권과 통치를 표현했기 때문이다. 또한 멜로디가 너무 아름다워서 겨울이면 집 뒤편에 있는 숲속에서 나무 장작을 패며 이 찬양을 자주 불렀다.

> 햇빛을 받는 곳마다
> 주 예수 다스리시고
> 이 세상 끝날 때까지
> 그 나라 왕성하리라

마지막 구절까지 부른 후에, 조나단은 설교단으로 올라섰다. 그는 이 설교를 그동안 여러 번 해 왔다. 하나님의 뜻을 거스르는 죄인들을 향한 하나님의 끝없는 사랑과 자비를 설명할 수 있는 설교 내용으로, 그가 좋아하는 주제 중 하나였다.

"오늘 아침에 읽을 말씀은 신명기입니다."

조나단이 말했다.

"그들이 실족할 그 때에 내가 보복하리라 그들의 환난날이 가까우니 그들에게 닥칠 그 일이 속히 오리로다" 신명기 32:35.

그가 설교를 시작하자, 잡담을 나누던 성도들이 차츰 조용해졌다. 시끄러운 상황에서 찬양을 인도했던 조세프는 조나단이 차분하고 부드러운 목소리로 청중의 집중을 끌어내자 적잖이 놀랐다.

"진실로 성령님께서 이 사람들에게 임하셨구나."

그가 중얼거렸다.

"죄의 악함이 여러분을 납보다 더 무겁게 만듭니다. 또 그 무게가 여러분을 지옥의 가장 깊은 곳으로 끌어내리고 있습니다."

조나단의 말에 사람들은 긴장했다. 생전 처음 들어보는 설교였다. 조나단이 설교를 이어 나가자 예배당은 매우 고요해졌다.

"가는 거미줄로 날아든 돌을 막을 수 없는 것처럼, 여러분의 의로는 여러분 자신을 구원할 수 없습니다."

조나단은 어린 시절 돌멩이가 얼마나 거미줄을 쉽게 망가뜨리는지 떠올렸다.

"하나님의 분노는 소용돌이치며 빠르게 차오르는 물과 같습니다. 우리의 죄로 인해 하나님의 진노의 활이 우리를 향해 휘었고 이 활은 지금 우리를 향해 겨누어져 있습니다."

조나단의 설교에 불이 붙으면서 청중들 사이에서 수군거리는 소리가 커졌다. 다들 심각하고 이해하기 어렵다는 표정을 짓고 있었다. 그들은 죄가 하나님을 그토록 진노하게 만든다는 사실을 처음 들었다. 회개하지 않은 영혼이 그렇게 위험한 상태에 빠진다는 것을 생각해 보지 못했다. 그랬기에 조나단의 말 한마디 한마디를 집중해서 들었다.

"하나님께서 불 위에 거미를 붙잡고 계시듯이 지옥의 구덩이 위에 여러분을 붙들고 계시는데, 여러분에게 몹시 진노하고 계십니다. 하나님은 순결하시고 거룩하시지만 우리는 죄로 인해 추악하고 끔찍합니다. 그런데도 하나님의 강하고 흔들리지 않는 손이 여러분을 놓지 않습니다. 하나님은 여러분을 안전하게 지켜 주실 이유가 없지만, 여러분이 떨어지지 않도록 그 손으로 우리를 감싸 주십니다. 우리는 죄인입니다. 여러분이 처해 있는 심각한 위험을 생각해 보십시오."

웅성거리는 소리가 점점 커졌다. 사람들은 하나님께서 자신들의 삶을 기뻐하지 않으시며, 회개해야 함을 점점 깨닫고 있었다. 어떤 사람은 부르짖었다. 또 다른 사람은 신음했다.

"이런 소리는 들어 본 적이 없어요. 이들은 모두 다가올 분노에서 구해 달라고 예수님을 부르짖고 있어요."

조세프가 말했다.

"하나님께서 오늘 여러분 한 명 한 명, 모두를 구원해 주실 겁니다. 그러나 하나님께서 여러분에게 내리시는 자비는 여러분이 받기에 마땅해서가 아니라, 그것이 없으면 안 되기 때문이라는 사실을 절대 잊지 마십시오."

조나단이 설교 말씀을 마무리지었다. 성도들이 너무 흥분한 나머지 조나단의 목소리가 묻혔고 조세프 조차 어찌할 수가 없었다. 그들은 기도로 예배를 마쳤고, 성직자들은 요청하

는 사람들에게 일대일로 복음을 전했다. 한 여성이 조나단에게 왔다. 그녀의 눈은 눈물로 젖어 있었고, 얼굴은 발갛게 상기돼 있었다.

"안녕하세요, 목사님? 제 딸이 이걸 목사님께 꼭 전해 달라고 부탁했어요."

여성은 봉투 하나를 그에게 건넸다.

"제 딸아이가 제게 목사님과 이야기해 보라고 했답니다. 조나단 목사님, 혹시 시간이 괜찮으시다면 딸에게 답장을 써 주시기를 부탁드립니다."

이후 사람들과 한 명씩 이야기를 나눈 조나단은 갑자기 머리가 어지러워지기 시작했다. 그는 30분간의 설교로 이미 지쳐 있었다.

"정말 죄송합니다만, 실례하겠습니다. 제가 금방이라도 쓰러질 것 같아서요."

그가 이야기 나누고 있던 신사에게 말했다.

****

조나단이 설교단에서 내려온 뒤로부터 그를 지켜보던 조세프와 스테판이 그를 건물 밖으로 데리고 나갔다. 마차가 예배당 뒤편에 도착했을 때, 조나단은 땅에 풀썩 주저앉고 말았다. 조세프가 조나단을 들어 마차에 누이고 마차에 올라탔다. 스테판이 마차 옆을 두드리며 소리쳤다.

"빨리 가 주시게, 마부 양반."

조세프는 걱정스러운 눈으로 조나단을 바라봤다.

"앞으로 가야 할 여정이 많이 남았는데, 우리 친구가 아프군."

마차는 세 남자를 태우고 빠르게 달려갔다.

"조나단이 괜찮을까요?"

조세프가 물었다.

스테판이 자신의 셔츠를 찢어서 물로 적신 후 조나단의 이마에 얹었다.

"너무 힘을 쏟을 때면 가끔 의식을 잃는다고 전에 조나단이 말하더군요. 이번 설교는 여태까지 들었던 것과 달랐어요. 심각한 일이 아니었으면 좋겠습니다."

마차가 숲속을 달리며 나뭇가지들에 부딪혔다. 어둠 속에서 두 마리의 하얀 말이 나무 사이를 떠다니는 안개처럼 달렸다. 너무 울퉁불퉁한 길 때문에 마차 뒷바퀴가 돌이나 나무뿌리에 걸릴 때면 마부는 자리에서 거의 떨어져 나갈 것 같았다. 그렇지만 달리기를 멈추지 않았다. 조나단은 끔찍한 두통과 함께 깨어났다.

"조나단! 괜찮습니까?"

스테판이 소리쳤다.
조나단이 마차의 창밖을 바라봤다. 그는 나무들이 빠르게 멀어져 가는 모습을 볼 수 있었다.

"우리가 어디에 있는 거죠?"

조나단이 물었다.

"노샘프턴으로 다시 돌아가고 있어요. 당신은 엔필드에서 설교를 마친 후에 쓰러졌어요."

조세프가 말했다.

"청중들이 설교에 어떤 반응을 보였나요?"

조나단이 물었다.

"매우 좋았어요. 우리 땅에 각성이 일어나고 있어요. 저는 하나님께서 한 설교로 그렇게 많은 영혼을 깨닫게 하시고 새롭게 변화시키시는 걸 처음 봤습니다. 하나님께 인생을 바치기로 한 십 대들이 수십 명에 달하고, 다시 헌신하기로 마음먹은 어른들이 셀 수도 없이 많았어요. 이는 진정 하나님의 기적이에요. 하나님께서 주님의 나라를 확장하는 데 당신의 설교를 사용하셨습니다."

스테판이 대답했다.

조나단은 그 옆에 놓인 봉투 하나를 들었다. 봉투 윗부분을 가르자, 한 여성에게 편지를 받았던 것이 기억났다.

친애하는 에드워즈 목사님께,

저는 목사님을 따로 뵌 적은 없지만, 제가 다니는 서필드 Suffield 교회 목사님이 돌아가시고 얼마 후에 교회에서 설교하시는 것을 들은 적이 있습니다. 제 이름은 데보라 해서웨이 Deborah Hatheway입니다. 하나님은 목사님을 사용해 제 죄를 깨닫게 하시고, 제 삶을 예수님을 위해 살도록 만드셨습니다. 목사님께서 엔필드에서 설교하실 거라는 이야기를 듣고 저는 무척 가고 싶었습니다. 불행하게도 그곳에 가지는 못했지만, 이 편지가 잘 전달됐기를 기도합니다. 제 가장 큰 걱정은 제가 정말 싫어하는 죄를 계속 다시 짓게 된다는 것입니다. 제가 아무리 원해도 그 죄들에서 벗어날 수 없을 것 같습니다. 제게서 이런 악을 없애 달라고 하나님께 금식하며 밤새 기도한 적도 여러 번 있었습니다. 하지만 여전히 저는 악한 생각과 참을 수 없는 유혹이 너

> 무나 많습니다. 이 문제들로 고민하는 제게 조언을 부탁
> 드려도 될까요?
>
> 진심을 담아, 데보라 해서웨이

조나단은 데보라가 죄로 힘들어하는 것을 이해할 수 있었다. 자신도 마찬가지로 육체와의 전쟁을 계속하고 있었다. 편지를 주머니에 넣기 전에 그는 봉투의 한쪽 종이를 찢어 셔츠 단추에 매달았다. 스테판은 조나단이 정신이 이상해진 것이 아닐까 걱정하며 조세프를 쳐다봤다.

"조나단, 왜 종이를 단추에 달았는지 물어봐도 됩니까?"

조세프의 궁금증에 조나단은 미소를 지었다.

"저는 정신이 나간 게 아닙니다. 이렇게 제 몸에 메모를 남기면 해야 할 일이나 머릿속에 떠오른 생각들을 기억할 수 있게 도와줍니다. 예를 들어, 봄에 산길을 따라 걷다가 머리에 떠오르는 생각들을 모두 적을 시간이 없을 때 주머니에서 종이를 꺼내 한 조각을 찢어 제 옷에 붙여 둡니다."

"그러면 그것들이 머릿속에서 떠오르나요?"

조세프가 물었다.

"이틀 전에 저는 시몬 베드로Simon Peter(번역자 주: 예수님의 제자 베드로를 말한다)에 대해 생각하고 있었습니다. 예수님께서 그에게 배에서 나와 물 위를 걸으라고 하셨을 때 얼마나 두려웠을지 생각했어요. 그러다가 갑자기 성경 구절 하나가 머릿속에 떠올랐습니다."

조나단이 말했다.
머릿속에 떠오른 글자를 바라보듯이 조나단이 공중을 바라봤다.

"마태복음 14:30-31에 이렇게 기록돼 있습니다. '바람을 보고 무서워 빠져 가는지라 소리 질러 이르되 주여 나를 구원하소서 하니 예수께서 즉시 손을 내밀어 그를 붙잡으시며 이르시되 믿음이 작은 자여 왜 의심하였느냐 하시고'. 저는 베드로가 스스로를 구할 수 없을 때, 그를 붙잡으려고 뻗으신 예수님의 팔이 얼마나 강했을지 기억하고 싶었습니다. 그래서 저는 집에 도착하면 다시 찾아서 글로 적으려고 메모를 제 오른 팔에 붙였어요."

"그러면 그 메모는 왜 가슴에 붙였나요?"

스테판이 웃음을 터뜨리며 물었다.

"왜냐하면 이 여성분이 제게 어떻게 하면 더 좋은 그리스도인이 될 수 있는지 물어봤기 때문입니다. 그건 마음과 영혼의 문제예요. 저는 여성분께 어떻게 예수님의 손이 물웅덩이 위에서 거미를 잡듯이 깊은 물속으로 빠지고 있는 베드로를 붙드셨는지를 편지에 쓸 생각입니다."

최근에 그 말씀으로 설교를 했던 조세프가 놀란 눈으로 조나단을 쳐다봤다.

"저는 그 이야기를 그렇게 생각해 본 적이 없어요. 하지만 그건 예수님께서 어떻게 자신의 사람들을 구하시는지 설명해 주는 완벽한 묘사인 것 같아요. 예수님은 우리에게 구속의 은혜를 보여 주셨어요. 수많은 죄로 인해 수렁에 빠진 우리를 건져 주실 은혜 말이에요. 또 우리가 무엇을 붙잡기 전에 하나님은 우리를 먼저 붙잡아 주시고 하나님께로 우리를 이끌어 주십니다."

그리 오래 가지 않아 마차가 조나단의 집에 도착했다. 두 사람은 손을 흔들며 인사하는 조나단에게 애정 어린 인사를 남기고 각자의 집으로 향했다. 집으로 걸어 들어가는데 세라가 마중을 나와 그를 껴안았다. 아이들은 잠들었지만 그녀는 그를 기다리며 늦게까지 깨어 있었다.

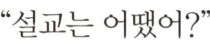

"설교는 어땠어?"

조나단이 벽에 가방을 기대 놓는데 세라가 물었다.

"하나님께서 설교를 통해 영광을 받으셨어. 그리고 많은 사람이 자신의 영혼을 하나님께 내려놓았어. 한 여성은 내게 편지를 써서 자신의 믿음을 강건히 할 수 있는 조언을 해 달라고 부탁하기까지 했어. 신대륙 전체에 거대한 각성이 터져 나오고 있어. 사람들이 자신의 무력함을 깨닫고 구원을 위해 예수님을 믿고 있어. 당신도 알다시피 나는 몇 년간 이 땅에 하나님의 성령을 부어 주시길 기도했는데, 내가 상상하지 못한 방법으로 하나님께서 기도에 응답해 주고 계시고 있어."

그가 말했다.

"부흥은 우리 마을에도 일어나고 있어. 우리 교회의 십 대 아이들이 예수님 안의 신앙을 고백하고 하나님을 기쁘시게 하기 위해 살기로 맹세했어. 설교 여행을 떠난 뒤로 10명의 새 신자가 더 교회에 등록했어. 하나님께서 이 마을에 놀랍고 위대한 일을 하고 계시고 당신을 도구로 사용하고 계셔. 이제 침대에 가서 푹 쉬어. 오늘 고생 많았어."

세라가 흥분해서 이야기했다.

조나단은 세라에게 잘 자라는 입맞춤을 해 주고 서재로 갔다. 깜빡거리는 촛불 빛에, 몇 장의 종이와 잉크병을 가져와 책상 위에 올려놨다. 그의 손에 쥔 깃털 펜은 가벼웠지만 곧 무겁게 느껴졌다.

아마도 지금 쓰고자 하는 것에 무게감을 느낀 것 같다.

친애하는 데보라 해서웨이 양,

당신의 친절한 말에 감사를 표합니다. 그리고 하나님께서 당신을 만나 주시고 당신의 삶에 놀라운 일을 행하신 것에 감사를 드립니다. 당신의 편지에 조언을 해 드리고자 답장을 적어 보냅니다.

그리스도인의 삶은 순탄하지 않습니다. 예수 그리스도를 믿는 자들은 모두 죽어야 하는 소명이 있습니다. 우리는 죄의 기쁨과 악한 욕망을 죽여야 합니다. 우리는 우리 마음속 가장 사악한 독사 같은 자만심을 죽여야 합니다. 이것은 매 순간 나를 따라다니며 집요하게 공격하고 파괴합니다. 자만심은 우리 마음속에 깊이 뿌리내린 가장 위험한 죄입니다.

당신은 죄에서 벗어나는 데 어려움을 겪고 있다고 말했지요. 절대 포기하지 말고 계속해서 예수 그리스도께로 나아가세요. 거룩하고 싶은 마음을 갖고 죄로 가득한 유혹과 싸워 나가세요. 매일 아침 침대에서 일어나 하나님 아버지

앞에 한없이 작은 당신을 느끼고 고백해 보세요. 오직 그렇게 할 때 하나님의 나라를 먼저 구하고 이 땅에서 순례자의 길을 걸어갈 수 있을 것입니다.

마음을 다해, 조나단 에드워즈

마지막 모히칸

1751년, 8월 16일, 매사추세츠 주, 스톡브리지(Stockbridge)

인디언 추장 헨드릭Hendrick과 함께 스톡브리지 마을 근처 산을 넘고 있는 조나단의 머리 위로 험악한 태풍이 몰아쳤다. 헨드릭 추장은 유명한 모호크족Mohawk 지도자로, 예수님을 영접하고 그리스도인이 된 후로 넓은 지역을 여행하며 영국 개척자들을 깊이 이해했던 사람이다. 그는 어두운 갈색 눈에 검은 머리카락을 갖고 있었다. 그는 깃털과 뼈로 만든 머리 장식을 자주 착용했고, 조나단의 창백한 피부와는 다르게 갈색빛 피부를 갖고 있었다.

"왜 당신은 노샘프턴의 교회를 떠나 여기 스톡빌리지에 있는 모호크족과 모히칸족에 와서 설교하는 겁니까?"

헨드릭 추장이 말했다.

"제 가족과 저는 교회에서 떠나도록 강요받았습니다."

조나단이 말했다.
추장은 조나단의 마음의 상처가 아직 아물지 않은 것을 느낄 수 있었다.

"도대체 어떤 성도가 당신이 떠나길 바랐습니까? 당신은 국제적인 설교자이자 작가가 아닙니까? 우리 모호크족도 우리의 친구 데이비드 브레이너드David Brainerd에게 당신의 이야기를 들어 알고 있습니다."

"제가 있던 지역사회에 사건이 하나 있었습니다. 남자아이들 몇 명이 교회에 소속된 여자아이들 몇 명에게 부적절한 행동을 했고, 저는 그들을 조금 엄하게 교육했습니다. 그랬더니 많은 사람이 제가 너무 과하게 대응했다고 했습니다. 교회에서도 세라와 제가 너무 오랫동안 사례비를 받았다고 느꼈습니다. 우리 집은 가정집이 아니라 호텔과 같았습니다. 찾아오는 방문객이 너무나 많았고 손님들의 비용을 항상 우리가 책임졌습니다. 노샘프턴 교회는 제가 사역하는 23년 동안 너무 세속적인 마을이 됐습니다. 교회는 복음을 전하기 위해서라고 핑계를 대며 저를 내쫓을 많은 이유를 찾아냈습니다."

조나단이 말했다.

"무척 힘들었겠군요. 그렇지만 저는 하나님께서 당신을 이곳에 보내 주셔서 정말 기쁩니다."

헨드릭이 말했다.

"저도 그렇습니다."

헨드릭의 따뜻한 말에 조나단도 응답했다.

"하나님은 신비한 방법으로 일하시지요. 종종 여러 문을 닫으시고는 열린 문으로만 갈 수 있게 하십니다. 세라와 제가 노샘프턴에서 살던 때보다 수입이 줄면서, 우리 딸들은 창의적으로 살게 됐습니다. 아이들은 부채나 다른 여러 공예품을 만들어 팔거나 추장님 부족으로부터 땅에서 얻은 자원들을 다루는 법을 배웠습니다. 딸들도 그 사실에 감사하고 있습니다."

"많은 사람이 언제나 땅을 존중해 왔습니다. 사실 우리는 너무 존중해 왔는지도 모르겠습니다. 땅을 숭배할 대상으로 생각했으니 말입니다."

추장이 말했다.

"저는 책을 통해 모호크족과 모히칸족이 동물과 자연을 얼마나 신성시하는지 꽤 많이 읽었습니다. 추장님께서 말씀하셨듯이 부족 사람들은 땅을 존중하고 숭배하지만, 이런 숭배는 복음을 그들의 삶에 연결하기 좋은 다리 역할을 할 수도 있습니다. 어릴 때부터 저는 인디언들을 향한 전도에 관심이 많았습니다. 소년 시절에는 곤충과 동물들이 어떻게 활동하는지 최대한 배우고 싶어서 그림을 그렸습니다. 심지어 오늘날에도 창조하고 계시는 하나님의 손길을 발견합니다. 아마도 하나님은 인디언들을 도울 마음을 제 안에 주신 것 같습니다. 그리고 그 마음들이 제가 스톡브리지에 사는 주민들에게 사역할 준비를 할 수 있는 밑거름이 된 거 같습니다."

"우리에게는 생긴 지 얼마 안 된 공동체가 있습니다."

추장이 말했다.

"스톡브리지는 1730년에 모히칸족에게 전도하려고 온 영국인 개척자에 의해 세워졌습니다. 모히칸족은 한때 이 땅에서 매우 강한 부족이었습니다. 하지만 모히칸 연합(편집자 주: 모히칸족은 다섯 부족과 40개 마을로 이뤄져 있었다)이 해체된 후, 이곳에 남기로 한 자들만 정착했습니다."

존은 고개를 가로저었다.

"저는 모히칸족이 얼마나 안 좋은 대우를 받았는지 압니다."

추장이 고개를 끄덕였다.

"모히칸족은 유럽인들이 이 지역을 정복한 후로 변화의 시기임을 감지했습니다. 몇몇 지도자들은 자식들을 이곳 스톡브리지의 영국인 개척자들에게 교육받도록 했습니다. 이 변화하는 세계에서 살아남을 수 있는 방법이라고 생각한 거죠. 모히칸족과 모호크족, 영국인 청교도들이 평화롭게 이곳에서 함께 살 수 있었던 것은 큰 축복이었습니다."

스톡브리지는 이미 예전부터 여러 가지로 조나단에게 감명을 줬다. 우선 이 도시의 지도자들은 모히칸족 사람들의 영혼을 깊은 곳까지 잘 보살폈으며 영어도 가르쳤다. 특히 모히칸족 아이들이 하나님을 알아가려고 교회에 가는 것과 스스로 성경을 읽는 것이 사랑스러웠다.

"저는 하나님께서 이 마을의 많은 영혼을 구해 주실 것이라 믿습니다. 바로 이곳의 모습이 미래 사역의 모델입니다. 다른 배경과 전통을 가진 사람들이 모여서 조화를 이루며 사는 것 말입니다. 이는 천국의 모습이기도 합니다."

조나단이 호사토닉Housatonic 강 너머를 바라보며 말했다.

"사실 모호크족에게는 천국이라는 곳이 조금 이상하게 들립니다. 저도 천국이 가장 이해하기 어려운 개념이었습니다. 왜냐하면 우리 부족은 죽으면 영혼이 동물이나 자연이 된다고 믿었기 때문입니다. 하나 고백하자면, 저는 하나님께서 제 마음과 삶에 찾아오셨을 때 천국을 영원한 안식과 행복을 누리는 장소라고 생각했습니다."

추장이 말했다.

"맞아요. 하지만 천국은 그보다 더 좋은 곳일 겁니다. 천국은 우리를 위해 이 땅에 오시고 피로 우리의 죗값을 치르신 주님을 영원히 찬양하고 경배하는 곳일 겁니다. 제 생각에는 우리 마음속에 영원히 하나님을 경배한다는 개념을 갖는 것도 어려워 보입니다. 우리는 무엇을 볼 때 이기적인 눈으로 바라보니까요. 하지만 천국에서 우리는 죄에 유혹을 당하지 않을 겁니다. 왜냐하면 천국에는 죄라는 것 자체가 없고, 하나님께서 우리 눈앞에 계시기 때문이죠. 그리고 우리는 천국에서 분명 행복할 겁니다."

조나단과 헨드릭 추장이 마을 문을 들어설 때, 조나단의 아들 티모시Timothy가 달려 나왔다.

"당신의 아이들과 내 아이들이 이미 친구가 된 것 같군요."

추장은 자신의 아들이 티모시 옆에서 달려오는 것을 보며 말했다.
조나단은 미소 지었다.

"티모시는 이제 영어보다 당신들의 언어를 잘 쓰더군요. 어쩌면 언젠가 하나님께서 저 아이를 많은 사람에게 하나님의 나라와 예수님의 사랑을 전하는 일에 쓰실 겁니다."

조나단이 말했다.

"데이비드 브레이너드와 당신의 이야기를 나눈 적이 있습니다. 브레이너드는 저를 하나님께로 인도한 사람입니다. 그는 당신에 관해 여러 좋은 이야기를 해 줬습니다. 그를 알고 지낸 지 얼마나 됐습니까?"

헨드릭이 말했다.

"데이비드와 저는 좋은 친구 사이입니다. 제가 그를 처음 만났을 때 그는 어리고 혈기 왕성한 사람이었습니다. 제가 노샘프턴에서 살고 있을 때, 그가 잠시 우리 집에 온 적이 있습니다. 그때 인디언들과 전쟁을 한 군인들이 우리 집을 점령하고 있었습니다. 그가 도착했을 때도 마찬가지였죠. 데이비드는 인디언들에게 선교사로서 이미 큰 업적을 일궈 낸 상황이었기 때문에, 인디언들과의 전쟁을 지켜보는 것을 가슴 아파했습니다."

조나단이 말했다.

"데이비드는 어떻게 하나님을 만났습니까?"

추장이 물었다.

"데이비드는 예일 대학교에 다니고 있던 스물한 살 때, 하나님께서 그의 영혼을 끌어당기는 느낌을 받았다고 합니다. 그는 기독교 선교 사역에 자신의 삶을 드렸습니다. 그는 코네티컷 주에서 설교할 수 있는 면허가 없었음에도, 스코틀랜드 기독교 증진회(번역자 주: 1709년에 만들어진 개신교 사역 단체다)는 그를 스톡브리지 근처에 있는 모히칸족 마을에서 사역할 수 있게 지원해 줬습니다. 그는 그때 델라웨어Delaware에 사는 부족에게 전도하려 여행을 떠났는데, 크로스위크성Crossweeksung에서 설교하다가 갑자기 쓰러졌습니다. 여행을 계속하기에는 너무 몸이 안 좋아진 그는 얼마 후 우리 집에 왔고, 끝내 하나님 곁으로 갔습니다. 데이비드를 너무 사랑했던 제 딸아이 제루샤도 그가 떠난 지 4개월 후에 하나님의 나라로 갔습니다. 저는 딸이 원했던 대로 그들을 서로의 곁에 묻어 줬습니다."

"저는 데이비드 브레이너드가 죽은 이후에 당신이 그의 자서전을 썼다고 들었습니다. 그 책이 우리 부족 사람들에게 예수님의 복음을 이해하는 데 도움이 됐다는 걸 알고 있습니다."

그들이 대화를 나누고 있는데, 스톡브리지 마을에 비가 내리기 시작했다. 하늘에 번개가 치자 청교도인들과 인디언들 모두 비를 피해 자신의 집으로 들어갔다. 옥수수밭에서 개구리처럼 펄쩍 뛰며 놀던 아이들도 키가 큰 농작물 사이로 들어가 비를 피했다. 집 안에 있기 좋은 날이었다.

****

"나를 따라 해 봐."

세라가 말했다.

"물."

네 살과 다섯 살 난 모호크족 아이들이 그 단어를 따라 했다.

"집."

세라가 아이들이 입을 크게 벌리는지 보면서 다음 단어를 말했다. 모히칸족과 모호크족 아이들은 영어를 잘했지만, 세라는 모든 음절이 정확한 소리를 내도록 확실히 가르치고 싶어 했다. 말은 중요한 것이었고 의사소통 능력은 누구에게나 최고의 기술이었다.

남편처럼 세라도 완벽을 추구했다. 조나단이 가족들을 데리고 스톡브리지로 온 이후로, 세라는 인디언 아내들과 아이들을 상대로 사역했다. 그녀는 사람들이 앞으로 다가올 위험한 미래를 대비할 수 있었으면 했고, 그것은 영어를 완전히 익히는 것을 의미했다. 그녀는 매일 그들과 함께 일하고 수학과 과학을 가르쳤지만, 성경에 대해서는 한마디도 하지 않았.

조나단 가족이 마을에 도착하기 전에는 남자아이들만 읽고 쓰는 것을 배웠다. 하지만 조나단은 남녀 구별하지 말고 모두 배워야 한다고 주장했다. 조나단 가족은 모호크족 남자아이 한 명을 집에 데리고 살기까지 했다.

또 세라는 부족 문화를 좋아했다. 그녀는 인디언 아내들이 자신의 남편을 존경하는 모습과 아이들을 가르치며 키우는 법도 좋아했다. 게다가 그들은 장신구를 만드는 데 재주가 있었다. 스톡브리지에서 인디언들이 서로를 위해 만드는 장신구와 반지는 세라의 기분을 좋게 했다.

"오늘 특별한 손님이 오셨네요."

세라가 환영하자 교실 앞에 조나단이 나타났다.

"여러분, 저를 따라 해 보세요. '설교자'"

그녀가 조나단을 손가락으로 가리키며 말했다. 아이들이 단어를 따라 하자 조나단은 웃음을 터뜨렸다. 그날 오후에 설교할 예정인 그는 청교도 전통에 따라 하얀 가발과 정장을 입고 있었다.

"고맙습니다, 선생님."

조나단이 웃음 띤 얼굴로 세라에게 말했다.

"오늘 저는 여러분에게 예수님의 이야기를 해 달라는 요청을 받았습니다. 예수님께서 누구이신지 아는 사람이 있나요?"

몇몇 아이들이 손을 번쩍 들었다.

"그분은 태양이에요."

아이 중 하나가 말했다.

"아니에요. 예수님은 새 같아요. 천국으로 날아가셨거든요."

다른 아이가 말했다.

"예수님은 동물들을 만드신 분이에요."

남은 아이 하나가 외쳤다.
조나단은 이 질문에 대한 사람들의 대답을 떠올렸다. 이는 중요한 질문이었고 그가 만난 사람 중 대다수가 이 질문에 대한 옳은 답을 하지 못했다.

"예수님은 신이세요. 하지만 동시에 사람이기도 하시죠."

조나단은 빗방울이 창문에 똑똑 떨어지는 소리를 들으려고 잠시 말을 멈췄다. 천둥이 울리자 나무집이 흔들렸고 아이들의 시선이 밖으로 향했다.

"어느 날 예수님께서 배에 타고 계셨는데 바다에 거대한 태풍이 몰려왔어요."

들판에 번개가 치자 교실 전체가 환해졌다. 아이들은 점점 무서워졌다.

"그런데 예수님께서 어떻게 하셨는지 아나요?"

조나단의 질문에 아이들은 고개를 절레절레 흔들었다.

"예수님은 아기처럼 주무셨어요."

조나단이 바닥에 눈을 감고 누우면서 말했다. 아이들이 키득대며 웃는 소리가 들렸지만, 그는 꼼짝도 하지 않았다. 태풍이 교실 옆면을 세차게 때렸고 문틈 사이로 바람이 들어오며 휘파람 같은 소리를 냈다. 조나단이 실눈을 뜨고 한 아이가 다가와 가발을 만지려고 하는 것을 봤다.

"그때 예수님께서 일어나셨어요!"

조나단은 있는 힘껏 큰 소리로 외쳤다. 아이는 깜짝 놀라 펄쩍 뛰더니 바로 배꼽을 잡고 웃었다.

"그리고는 예수님께서 '바람에게 잠잠하라'고 말씀하셨고, 바람이 그 말씀에 순종했어요. 또 예수님께서 파도에게 '잠잠하라'고 말씀하셨고, 파도도 역시 예수님의 말씀에 순종했어요. 바다는 잔잔해졌고, 배는 부드럽게 흔들거리며 해안가로 안전하게 갔어요."

그의 연기에 박수를 치며 환호하는 아이들에게 조나단은 허리를 숙여 인사했다. 보통 그는 청중들에게 연기로 흥미를 유발하지 않았지만, 스톡브리지로 이사 오면서 자신에게 조금의 변화가 필요함을 느꼈다. 이제는 설교할 때 설교문을 거의 사용하지 않았고, 인디언들에게 성경의 진리를 설명할 때 자연에서 일어나는 예시를 많이 사용했다. 그는 스톡브리지에서 여유를 느꼈고, 더불어 거미와 같은 곤충에 더 관심을 갖게 됐다.

****

조나단은 그 마을에 남아 있는 마지막 모히칸족 사람들을 바라봤다. 조나단은 스톡브리지에 온 지 오래되지는 않았지만 그들을 사랑하게 됐다. 그는 그들을 모히칸족이나 모호크족이 아닌 하나님께서 영광 받으실 사람들로 봤다.

조나단은 자신의 인디언 통역자 존 와우와움페쿠나운트John Wauwaumpequunnaunt를 보며 예배를 시작한다는 표시로 고개를 끄덕였다.

"오늘 우리는 예수 그리스도의 부활에 대해 알아보겠습니다."

조나단은 설교를 시작하며, 자신의 친구 데이비드 브레이너드에 대해 생각했다. 그는 데이비드가 무척 그리웠으며, 그와 함께 스톡브리지에서 인디언들에게 하는 사역을 도왔으면 좋았을 거라고 생각했다.

"그리스도인들의 믿음은 모두 예수님의 부활에 달려 있습니다. 예수님께서 무덤에서 살아나지 않으셨다면, 우리는 천국에 갈 수 있다는 소망을 가질 수 없었을 겁니다. 우리는 절망적인 상황 속에서 죽고 말았을 겁니다. 하지만 감사하게도 예수님은 3일째 되는 날 다시 살아나셨습니다. 우리가 예수님으로부터 자비를 받을 자격이 없을 때조차도 예수님은 우리에게 자비를 베풀어 주셨고, 우리가 감히 받을 수 없는 은혜를 예수님은 기꺼이 베풀어 주셨습니다. 또한 지금 이 순간에도 예수님은 당신의 마음 문 앞에 서서 문을 두드리고 계십니다. 오늘 예수님께 당신의 마음의 문을 여시겠습니까?"

모호크족 사람 몇 명이 일어나서 밖을 쳐다봤다. 통역사가 실수로 문장에서 '마음'이라는 단어를 빼먹었고, 사람들은 예수님께서 이 건물 안으로 들어오려 하신다고 생각했던 것이다. 2명의 모히칸 사람이 입구로 달려가 문을 열었지만 예수님은 그곳에 안 계셨다. 존 와우와움페쿠나운트가 실수를 바로잡자 성도들이 웃음을 터뜨렸다.

조나단이 계속 말을 이어 나갔다.

"여러분은 육체의 욕구에 따라 인생을 살아갈지도 모릅니다. 여러분은 술로 마음을 무감각하게 마비시키고 무질서한 인생을 살아갈지도 모릅니다. 하지만 그 어떤 욕망도 예수님을 아는 근본적인 만족에 비할 수 없습니다. 예수님을 당신의 구원자로 아는 것이 이 세상이 주는 어떤 짜릿함이나 즐거움보다 큽니다. 실수하지 마십시오. 그리스도인의 삶은 쉽지 않습니다. 그리스도인으로 살아가는 것은 대단히 어렵습니다. 그러나 예수님께서 두 팔로 우리를 안으실 때 그보다 더한 사랑은 없습니다."

인디언 3-4명이 일어나 춤을 추기 시작했다. 그들은 누군가 자신들을 구원하기 위해 세상에 왔다는 생각에 너무나 황홀해져, 하나님께 감사하는 마음을 온몸으로 표현했다.

"프랑스인도, 영국인도, 그 누구도 여러분께 이 같은 친절을 베풀지 않았습니다. 심지어 이웃 부족조차 여러분을 구하려고 어떤 일도 하지 않았습니다. 하지만 예수님은 다르십니다. 예수님은 여러분을 누구보다도 아끼십니다. 사람이 구원과 같은 아름다운 보물을 찾으려고 천년을 찾아 헤맬지라도 모든 것이 허사입니다. 오늘이 구원의 날입니다. 오늘이 평안의 날입니다."

예배가 막바지에 이르자, 12명의 모히칸족과 3명의 모호크족 사람들이 자신의 삶을 하나님께 내어 드렸다. 그들은 스톡브리지 교회의 정교인으로 등록했고, 조나단과 개인적으로 이야기를 나누며 구원의 확신을 얻었다. 조나단은 예배가 끝난 후 세라와 아이들을 밖으로 데리고 나갔다. 비가 그치고 바람은 사그라들었으며 보랏빛과 회색빛 구름이 흩어진 하늘이 있었다.

"아버지, 저도 아버지처럼 인디언들에게 설교하는 사람이 되고 싶어요."

티모시가 말했다.
조나단은 그를 바라봤다.

"그렇게 될 거야, 티모시."

 변화의 시간

1758년 1월, 매사추세츠 주, 스톡브리지
그리고 2월 16일 뉴저지 주(New Jersey), 프린스턴(Princeton)

"새로운 자리를 제안받았어."

조나단이 말했다.

"우리가 사랑하는 인디언들을 떠날 시간이야."

세라가 마시던 찻잔을 내려놓았다.

"하나님의 뜻인 것을 확신해?"

"응, 확신해."

조나단이 대답했다.

"두 손을 모으고 무릎을 꿇고 몇 시간 동안 내 영혼을 쏟아부으며 하나님께 기도했어. 오늘 아침에 성경을 공부하고 있는데 '보라 내가 새 일을 행하리니 이제 나타낼 것이라 너희가 그것을 알지 못하겠느냐 반드시 내가 광야에 길을 사막에 강을 내리니'이사야 43:19라는 말씀이 떠올랐어. 하나님께서 우리를 통해 하실 일에 대해 평안한 마음을 주셨어."

세라가 말했다.

"그곳이 하나님께서 우리를 인도하시는 곳이라면, 나는 하나님께서 우리의 여정에 함께하실 거라고 확신해."

"무슨 여행이요?"

딸 수잔나Susannah가 부엌에서 부모님의 대화를 우연히 듣고 물었다.

"너희 아버지께서 프린스턴 대학교의 학장으로 와 달라는 제안을 받으셨단다."

세라가 말했다.

"저는 떠나고 싶지 않아요. 우리는 여기 살고 있잖아요. 친구들도 여기 있고요. 여기가 우리 집이에요. 왜 이사를 해야 해요?"

수잔나는 모호크족 친구가 준 목걸이를 꼭 쥐며 말했다.

"때때로 하나님은 우리를 편안한 곳에서 떠나 다른 곳으로 가라고 부르신단다. 때로는 천국에 있는 최후의 고향 집을 찾을 수 있도록 우리를 떠나게 하셔."

조나단이 창문 밖을 내다보며 말했다.
그때 헨드릭 추장이 조나단의 집으로 걸어오고 있는 것이 보였다. 그는 외투를 집어 들고 추장을 만나러 밖으로 나갔다.

"하나님의 말씀을 따르는 것이 어려워 보일 때도 있단다.

그리스도인으로 살아간다는 것은 하나님의 계획에 나 자신을 전부 드리는 것이란다. 우리는 그리스도인으로서 하나님께 우리의 믿음을 키워 주시고 하나님과의 관계를 더 강하게 해 달라고 기도하고 소망해야 하지 않을까?"

세라가 수잔나에게 말했다.

"그런데 왜 그렇게 힘들어요?"

수잔나가 물었다.
세라는 철제오븐으로 걸어가 문을 열었다. 막 구워진 빵 냄새가 방안을 가득 채웠다.

"삶이 순조롭고 우리가 평안할 때는 그리스도인으로 살아가는 것이 쉽단다. 친구들과 가족들에게 둘러싸여 있을 때는 하나님의 뜻을 따르기가 쉬워."

그녀는 오븐에서 빵 덩어리를 꺼내 식탁 위에 올려놨다. 세라가 칼로 빵을 자르자 그 틈으로 뜨거운 김이 새어 나왔다.

"우리 삶의 뜨거움이 우리를 하나님께 더 가까이 가게 한단다. 어려운 상황이 우리를 짓누르고 유혹할 때 우리의 믿음이 더 커지고 하나님을 바라보는 시선이 성숙해지지. 고통과 변화의 오븐 속에 있을 때만 하나님께서 우리에게 하나님의 힘을 완전히 드러내신단다."

 수잔나는 그 말을 이해했다. 그녀는 살아오는 내내 아버지가 어려운 상황 속에서 하나님과 씨름하며, 하나님을 사랑하는 법을 보고 배웠다. 이제는 자신의 차례였다.

"어머니, 저는 하나님의 뜻을 따를 만큼 유연하게 만들어 달라고 기도할래요."

****

조나단이 깊은숨을 내뱉자 추운 날씨에 입에서 김이 나왔다. 흰 눈이 내리고 있었고 나무에는 고드름이 맺히고 마을 근처를 지나가는 강도 얼어붙었다.

"좋은 날입니다."

조나단이 추장을 안으며 말했다.

"정말 그렇습니다."

추장도 화답했다.
조나단과 헨드릭 추장은 여러 해 동안 알고 지냈다. 그들은 서로의 문화를 공유했고 조나단이 스톡브리지에서 지내는 동안 가족들끼리도 가깝게 지냈다.

"저는 곧 이곳을 떠납니다."

"알고 있습니다."

추장의 대답에 조나단은 어리둥절해졌다.

"어떻게 알았어요? 아직 아무에게도 말하지 않았는데요."

추장이 손을 내밀자 그의 손바닥 위에 눈이 내려앉았다.

"바닷물이 증발해, 수백 마일을 여행하고, 얼어서 이렇게 작은 우리 마을에 천천히 떨어진다는 것이 흥미롭지 않나요?"

조나단은 어린아이처럼 다시 한번 공부하는 느낌이었다.

"흥미로워요. 그리고 하나하나의 눈 결정이 다 다르게 생겼죠. 똑같은 것이 하나도 없어요."

헨드릭 추장이 차가워진 손을 외투 주머니에 집어넣었다.

"당신이 이사한다는 걸 알게 된 이유는, 당신에게서 어떤 작은 변화를 감지했기 때문입니다. 하나님께서 다른 무언가를 준비하고 계십니다. 당신은 특별한 사람입니다. 온 세상이 당신의 특별함을 알죠. 당신과 같이 지성과 천재성을 가진 사람은 아무도 없습니다. 당신만큼 거룩함에 대해 열의를 가진 사람도 없습니다. 물이 이 땅 위를 여행하는 것과 같이, 하나님께서 당신을 다른 도시로 이끄시는 겁니다. 당신이 사람들에게 주님의 은혜를 전하도록 말입니다."

조나단과 헨드릭 추장은 신대륙에 대한 하나님의 계획에 관해 자주 이야기를 나누던 골짜기 밑으로 걸어 내려왔다. 그들이 걷는 길가 바위에 눈이 소복 내려앉았고, 조나단은 그 위를 밟지 않으려고 조심해서 걸었다.

"프린스턴 대학교는 좋은 학교예요. 저는 하나님께서 이 학교를 기독교 사상의 한 기둥이 되게 하실 거라고 믿어요. 학장이셨던 에런 버Aaron Burr 교수님이 얼마 전에 돌아가시고, 그들은 학교를 하나님 중심으로 이끌 누군가를 찾고 있어요."

조나단이 말했다.

"당신은 이곳 스톡브리지에서 우리에게 위대한 일들을 해왔습니다. 영국인 거주자들은 말할 것도 없이, 모히칸족과 모호크족 모두의 화합을 끌어냈습니다. 이제 저는 당신이 떠나기 전에 이것을 주려 합니다."

헨드릭 추장이 가방에서 인디언들의 도끼인 토마호크를 꺼냈다.

"당신의 서재에 이것을 두십시오. 그러면 이것을 볼 때마다 하나님께서 사탄과의 전쟁에서 이미 이기셨다는 사실을 기억하게 될 겁니다."

조나단은 예리한 도끼날을 손으로 만졌다.

"제가 어렸을 때 아버지께서 이것과 굉장히 비슷한 토마호크를 주셨어요. 아버지께서 전쟁에서 돌아오셨을 때 우리가 얼마나 행복했는지 아직도 기억이 생생해요."

"더 큰 전쟁이 일어날 거라는 말이 있습니다, 조나단. 그 전쟁은 우리 부족 사람과 백인의 싸움이 아닌, 영국과 신대륙 사이의 전쟁입니다. 이 땅에 거대한 혁명이 일어나고 있다고 말하는 사람들도 있어요."

헨드릭 추장이 말했다.

"만일 우리가 유럽에서 완전히 분리돼 우리만의 나라가 된다면 말이에요. 만일 그런 일이 생긴다면 우리는 이스라엘 사람들이 약속의 땅에 들어갔을 때처럼, 하나님께서 중심이 되도록 기도해야 해요."

조나단이 말했다.

"우리는 그저 기도할 뿐입니다."

추장이 말했다.

두 남자는 추운 날씨에 자신들의 옷이 너무 얇다는 생각이 들 때까지 조금 더 걸었다. 뼛속까지 추위가 느껴지자, 조나단은 그의 친구를 위해 기도하고 집으로 발걸음을 옮겼다. 그리고 조나단은 다시 하나님께 기도했다.

"하나님 아버지, 앞으로 다가올 몇 달 동안 해야 할 일이 너무나도 많습니다. 저희에게 집을 팔고, 이삿짐을 싸고, 프린스턴까지 여행할 힘을 주세요. 스톡브리지에서 행하시는 하나님의 일을 찬양합니다. 이 땅 위에 하나님의 평화가 눈처럼 계속 내리도록 기도합니다. 하나님은 제가 가장 필요로 할 때 저를 버리려고 저를 택하신 것이 아닙니다. 저는 하나님의 도움 없이는 무너질 수밖에 없습니다. 저는 하나님의 성령 없이는 실패할 수밖에 없습니다. 온 세상이 저를 끌어내리려고 할 때 저를 붙잡아 주시는 분은 오직 예수님뿐입니다. 우리를 버리지 않으실 걸 알기에, 제 가족과 저의 소망들을 하나님의 보살핌 아래에 맡겨 드립니다."

****

조나단이 북적이는 사람들을 쳐다봤다. 젊은 사람과 나이 든 사람들이 있었고, 학자들과 학생들도 있었다. 모든 사람의 시선이 새 학장에게 고정돼 있었다. 조나단은 이 지방에서 했던 모든 설교를 떠올렸다. 몇 해 전에 있었던 각성 운동과 부흥 운동도 생각했다. 자신을 위해 기도해 준 사람들과 자신을 집에 머물게 해 준 사람들도 떠올랐다. 그중에서도 아직 스톡브리지에 남아 봄에 할 이사와 프린스턴까지 여행 준비 중인 세라 생각이 가장 많이 났다.

"모두 아시다시피, 우리 학교에 조나단 에드워즈 목사님을 모신 기회를 매우 영광으로 생각하고 있습니다. 이분의 설교를 들은 분들도 있고, 책을 읽은 분들도 있을 겁니다. 혹시 모르는 분들을 위해 우리의 새 학장님을 소개하겠습니다."

연단의 진행자가 말했다.
조나단은 의자에 가만히 앉아 있었다. 그는 거창한 소개를 좋아하지 않았다. 인간을 높이고 자랑함이 그 거창한 소개를 통해 드러나기 때문이었다. 그는 진행자가 자신을 소개할 때 속으로 기도했다. '주여, 제가 여기에 온 이유를 기억하게 해 주세요. 제 삶에 주님의 은혜가 아니었다면 저는 아무것도 아니라는 걸 기억하게 해 주세요. 주님께서 제 영혼에 개입해 주지 않으셨다면 저는 절대로 선택받거나 주님을 사랑하지도 않았을 겁니다.'

"조나단 에드워즈 학장님은 신대륙에 사는 우리를 대표하는 이름이 되셨습니다. 학장님의 설교는 영적으로 고통받고 있는 땅에 각성 운동의 불씨가 됐습니다. 직접 쓰신 책 『놀라운 부흥과 회심 이야기』에는 하나님께서 어떻게 노샘프턴 교회에 부흥을 일으키셨는지 잘 담겨 있습니다. 다른 책 『신앙과 정서』에는 하나님께서 선하시고 완전하신 뜻을 성취하시기 위해 우리의 소망을 어떻게 사용하시는지 우리의 눈을 뜨게 해 줍니다. 학장님은 다른 책이나, 논문, 설교 등을 많이 쓰셨으며, 하나님은 이 글들을 통해 이 땅을 성령으로 기름 부어 주셨습니다. 여러분, 우리의 새 학장님 조나단 에드워즈를 환영해 주시기 바랍니다."

자리에 있던 사람들이 일어나서 박수를 치자, 조나단은 손을 들어 청중들을 진정시켰다. 그는 너무 과한 칭찬을 좋아하지 않았다. 이런 명예로운 자리를 받아들이는 일이 자신에게 맞지 않는다고 느껴졌다.

"학생 여러분, 오늘 여러분 앞에 선 것을 매우 영광스럽게 생각하며 겸손하게 프린스턴 대학교의 학장 자리를 수락했습니다. 우리 대학교의 학생회에서 신앙 부흥 운동이 일어나고 있다고 들었습니다. 그리고 저는 하나님께 영광 돌리는 일이 우리 안에 계속해서 나타나기를 기도합니다."

조나단은 사람들 뒤쪽에 있는 창문으로 교실이 모여 있는 나소 홀 Nassau Hall (번역자 주: 프린스턴 대학교 내 가장 오래된 건물이다)을 바라봤다. 4층짜리 건물이 캠퍼스 가운데에 우뚝 서 있었다. 지붕을 튀어나와 하늘까지 뻗은 탑이 하나님께 향하는 듯했다. 그 탑에는 방향을 알려 주는 나침반이 달린 둥그런 돔이 왕관처럼 씌워져 있었다.

"우리는 변화의 시대에 살고 있습니다. 옛것은 지나가고 하나님께서 새로운 것들로 그 자리를 채우고 계십니다. 제가 대학생이었을 때, 저는 그리스어와 히브리어 시험을 준비하며 공부했습니다. 그리고 하나님의 일을 하겠다고 제 마음을 드렸습니다. 어떤 사람들은 우리가 계몽의 시대에 살고 있다고도 하고, 과학과 지식의 시대에 살고 있다고도 말합니다. 하지만 예수 그리스도의 빛이 우리의 마음을 밝게 비추기 전까지 우리는 진실로 계몽한 것이 아님을 잊지 말아야 합니다."

조나단이 나소 홀 꼭대기에 있는 둥그런 돔을 손가락으로 가리켰다.

"우리는 진리의 방향을 가르쳐 주는 성경 말씀을 사랑해야 합니다. 우리에게는 이웃들을 전도하고 싶게 만드는 영혼의 열정이 필요합니다. 그렇기에 예수님 안에서 진리를 발견했을 때 비로소 미래로 나아갈 수 있습니다."

임명식이 끝난 후에 조나단은 이사들 그리고 몇몇 학생과 악수를 했다. 모두가 하나님께서 이 시대에 세우신 위대한 신학자를 보고 싶어 했다. 많은 사람이 조나단을 거리감 있고 쌀쌀맞은 사람일 것이라 예상했지만, 그를 직접 만난 사람들은 그의 겸손함과 친절함에 놀랐다. 사람들은 그를 실제보다 더 큰 사람으로 느꼈다. 그때 한 남자가 악수를 요청하며 다가왔다.

"에드워즈 학장님, 제 이름은 윌리엄 슈펜William Shippen입니다. 저는 필라델피아Philadelphia에서 온 외과학 박사입니다. 당신과 가족들에게 이 지역에 천연두가 퍼지고 있다는 사실을 알려 주라는 요청을 받았습니다."

"천연두요? 그렇다면 천연두에 걸리지 않도록 예방 접종을 해야겠군요."

조나단의 말에 윌리엄이 미소 지었다.

"사람들에게 학장님께서 과학자라는 이야기를 들었습니다만, 예방 접종에 대해 알고 계실지 전혀 몰랐습니다. 매우 인상적인 만남입니다. 저는 의학 발전 소식을 알고 계신 설교자를 뵌 적이 없습니다."

"그 병의 특성에 관해 설명해 주겠습니까?"

조나단이 물었다.

"우리도 이 병에 관한 정보가 많지 않습니다. 유럽에서 수백만 명의 사람들을 죽게 한 병이라는 것만 알고 있습니다. 또 천연두를 앓고 있는 사람을 만지면 전염되는 것으로 생각하고 있습니다. 이 병에 걸리면 몸 전체에 작은 수포가 일어납니다. 고열과 구토, 그리고 통증이 따라옵니다. 하지만 걱정하지 마세요. 우리는 예방 주사를 믿고 있습니다. 몸에 적은 양의 천연두를 주사함으로써 그에 대한 면역력이 생깁니다. 아직 완벽한 치료법은 없지만, 예방 주사를 맞은 사람은 병에 걸리지 않습니다. 혹시 몰라서 오늘 예방 주사를 준비해 왔습니다."

윌리엄이 말했다.

"이런, 저는 오늘 많은 사람과 악수를 했습니다."

조나단이 말했다.

"빨리 주사를 맞는 편이 좋겠습니다."

****

조나단이 윌리엄을 나소 홀 바로 옆에 위치한 학장 관저로 데려갔다. 관저는 스톡브리지에서 살던 집보다 훨씬 컸다. 하얀 울타리를 지나 들어가는데 윌리엄이 집을 보고 감탄했다.

"저는 집 앞쪽으로 창문이 9개 난 집은 처음 봅니다. 학장님 댁 답군요."

조나단은 사람이 만든 건축물을 크게 신경 쓰지 않았기 때문에 창문 개수가 많다는 것을 알아채지 못했다. 그는 산에 흐르는 빗물이 모두 모이는 계곡 같은 하나님의 건축물을 더 좋아했다.

"혹시 제 아내와 11명의 자식에게도 예방 접종을 할 수 있을까요? 아내는 스톡브리지에 있는 집을 팔고 여기로 올 겁니다."

그가 윌리엄에게 문을 열어 주며 말했다.

"네, 모두를 맞출 만큼 충분한 양이 있습니다."

윌리엄이 대답했다.

"그런데 학장님, 그 일을 아시나요? 보스턴과 다른 마을에 사는 사람들이 이 접종을 매우 반대하고 있습니다. 천연두를 몸에 주사하는 것이 하나님을 거스르는 범죄라고 말하며, 심지어 이 일로 거리에서 폭동이 일어나기도 했습니다."

"저는 한 명의 과학자로서, 예방 접종이 우리 자신을 질병으로부터 보호하는 이점이 있다고 봅니다. 신학자로서도 어떤 문제점을 찾을 수가 없습니다"

조나단이 말했다.
윌리엄이 조나단의 오른쪽 팔을 들어 탁자 위에 올려놓았다.

"소매를 걷어 올려 주세요."

조나단이 그의 말대로 따랐다.

"이제, 조금 아플 거예요. 그래도 움직이지 말고 가만히 있으셔야 제가 예방 접종을 정확하게 할 수 있습니다."

윌리엄이 의료가방을 가져와 수술용 칼을 꺼냈다. 그가 촛불에 칼날을 대고 소독이 될 때까지 이리저리 흔든 후, 조나단의 피부에 3줄의 상처를 냈다. 상처에서 피가 흐르기 시작했다.

"걱정하지 마세요. 지극히 정상입니다."

윌리엄이 말했다.
조나단은 실눈을 떴다. 그는 피를 보는 것을 좋아하지 않았다. 어릴 때 나비나 다른 곤충들을 해부할 때면 가끔 어지럽기까지 했었다.

"나의 구세주 예수님을 본받아 분명히 견딜 수 있을 겁니다."

조나단은 팔꿈치에 따뜻한 피가 흐르는 것을 느꼈다. 윌리엄이 이번엔 가방에서 유리관 하나를 꺼냈다.

"이 관 안에는 천연두 환자에게서 난 진물이 들어 있습니다. 저는 이걸 학장님 팔에 난 상처에 문질러서 이 균을 몸속에 들어가게 할 겁니다."

조나단은 윌리엄이 예방 접종을 마무리 지을 때까지 눈을 질끈 감고 고개를 돌렸다.

"다 됐습니다. 그렇게 나쁘지 않았어요. 아주 약한 천연두를 앓게 될지도 모르지만, 정상이니 걱정하지 마세요. 학장님의 몸이 자연적으로 균을 죽일 겁니다."

윌리엄이 조나단의 팔을 붕대로 감싸며 말했다.

"정말 감사합니다."

조나단이 그를 문으로 안내하며 말했다.

"무슨 일이 있으면, 빨리 제게 사람을 보내세요."

****

문을 닫은 후, 조나단이 자신의 팔을 잡았다. 상처가 아직 쓰라렸지만, 길게 보면 접종을 하는 것이 훨씬 건강해지는 것임을 알았다. 조나단은 서재로 들어가 자신의 책들을 둘러봤다. 그는 어머니가 가르쳐 주셨던 청교도인들의 고전을 매만졌다. 그는 리처드 백스터Richard Baxter와 존 번연 그리고 존 오 웬John Owen의 서적들을 읽었다. 그는 사무엘 러더퍼드Samuel Rutherford와 다른 사람들이 큰 반대에 맞서 복음을 전했던 투쟁을 기억했다. 조나단이 의자에 앉아 성경책을 폈다. 팔이 쿡쿡 쑤셨지만 이사야를 펴고 큰 소리로 말씀을 읽었다.

"그가 찔림은 우리의 허물 때문이요 그가 상함은 우리의 죄악 때문이라 그가 징계를 받으므로 우리는 평화를 누리고 그가 채찍에 맞으므로 우리는 나음을 받았도다" 이사야 53:5.

이스트 윈저에서 돌아온 아버지가 이 구절로 설교하신 것을 처음 들었던 때가 기억났다. 그는 하나님과 단둘이 있기 위해 지었던 기도 오두막도 떠올렸다. 조나단은 하나님께 죄를 지어서 하나님을 분노하게 했지만, 자비를 보여 주셨던 모든 순간을 생각했다. 갑자기 머리가 어지러웠다. 어쩌면 예방 접종 중에 너무 많은 피를 흘렸거나, 긴 하루에 지쳤을 수도 있다. 그런데도 그는 세라와 아이들이 보고 싶었다. 그가 긴 다리를 쭉 펴며 기도했다.

"저를 위해 피 흘리심에 감사를 드립니다. 저를 위해 예수님의 목숨을 버리실 만큼 저를 사랑해 주심에 감사드립니다. 제게 그럴 자격이 없다는 걸 압니다. 그렇지만 하나님은 긍휼과 용서의 하나님이심을 제게 보이셨습니다. 제가 나이가 들어도 계속 새로운 믿음을 주세요. 제가 성경의 깊고 어려운 가르침에 빠졌다가 수면 위로 올라왔을 때 가까이에 있어 주세요. 주님은 이 지친 두 발을 지탱해 주시는 만세의 반석이십니다. 주님은 제가 사랑하고 기대는 거미줄이십니다."

조나단은 신발을 벗고 의자에서 몸을 웅크렸다. 키가 큰 그에게 쉬운 일은 아니었으나 그는 마침내 편안한 자세를 잡고, 그 어느 때보다도 단꿈에 빠졌다.

 다시 사는 삶

1758년, 3월, 뉴저지 주, 프린스턴

"예방 접종이 그다지 좋은 생각은 아니었던 것 같습니다."

윌리엄 슈펜이 조나단의 목구멍을 검사하며 말했다.

"예방 접종을 한 사람들 대부분이 피부에 수포가 발현되는 경험을 하지만, 이런 경우는 처음 봅니다. 목구멍에 난 수포가 아무것도 먹지 못하게 하는군요."

조나단은 열이 나서 땀을 흘리고, 잘 먹지 못해 굶주린 채로 등을 기대고 누웠다. 음식을 한 입 먹을 때마다 너무 고통스러워서 그의 몸이 음식물을 거부했다.

"많이 불편해 보이세요. 아버지께서 회복하실 수 있다고 생각하세요?"

딸 루시가 말했다.
윌리엄이 조나단의 부어오른 목에 손을 얹었다.

"확실히 말하기 어렵군요. 학장님께서 몸 다른 곳에 수포가 났다면 몇 주안에 괜찮아질 거라고 말했을 겁니다. 하지만 아무것도 먹지 못한 이후로 몸이 병과 싸울 힘을 잃고 있어요. 이번 주에 수업을 계속하기 어려울 것 같습니다."

루시가 손으로 입을 막았다.

"어떤 의미에서, 아버지는 평생 죽음을 준비하며 사셨어요. 아버지는 종종 제게 죽음에 관해 말씀해 주셨어요. 죽음을 두려워하지 말라고요. 아버지는 죽음이 삶으로 들어가는 위대한 입구이며, 이 세상에서의 삶도 새로운 삶을 준비하며 살아야 한다고 말씀하셨어요."

그녀가 아버지의 손을 꼭 잡으며 말했다.
조나단은 잠에 들었다 깼다 했다.

"루시."

그가 딸을 불렀다.

"하나님께서 곧 나를 부르실 것 같구나. 그러니 나의 가장 큰 사랑을 아내에게 전해 다오. 그리고 우리가 나눈 특별한 부부 관계가 영원할 거라고 전해 다오. 나는 그녀가 큰 시련을 잘 버티고 하나님의 놀라우신 뜻을 기꺼이 받아들였으면 한단다. 그리고 내 자녀들에게는 이제 아버지가 없는 것이 아니라고 말해 주렴. 오히려 너희들 모두가 절대 떠나지 않으시고 버리지도 않으실 하늘의 아버지를 찾는 계기가 됐으면 한단다. 내 장례는 평범하고 소박했으면 좋겠구나. 어떤 돈이라도 들어오는 게 있다면 즉시 자선 단체에 기부해 주렴."

티모시가 집으로 들어왔다. 그는 집 밖에서 아버지의 병세에 관해 학교 이사들과 이야기하고 있었다.

"이사님 몇 분이 내일 아버지께서 마지막 설교를 하실 수 있을지 궁금해합니다. 박사님은 어떻게 생각하십니까?"

윌리엄이 고개를 저었다.

"안 됩니다. 저는 학장님의 목을 혹사시키고 싶지 않습니다. 지금은 힘을 아껴야 합니다."

티모시가 돌아서서 나가려고 할 때, 조나단이 눈을 떴다.

"아니다. 나는 설교를 하겠다."

그가 중얼거렸다.

"하지만 아버지는 지금 죽을 만큼 아프시잖아요. 침대에 누워서 회복하셔야 해요."

티모시가 말했다.
조나단이 힘을 끌어모아 침대에서 일어나 앉았다.

"성경은 사람이 떡으로만 살 것이 아니요, 하나님의 입으로부터 나오는 모든 말씀으로 살 것이라 말씀하셨다. 내가 살아오는 동안 나는 영적인 양분을 취해 왔단다. 그리고 지금은 음식을 거의 먹지 못하지만, 구세주 예수님께서 내가 먹을 수 있는 영적인 음식을 주고 계신다. 나는 그런 예수님께서 프린스턴 사람들에게 마지막 영적 식사를 공급할 힘을 내게 주실 거라고 확신한다."

윌리엄은 조나단의 주장에 놀랐다.

"저는 그게 좋은 생각인 것 같지 않습니다. 그런데 제가 어떻게 사람들에게 조나단 에드워즈가 설교를 할 수 없다고 말하겠습니까?"

한숨을 내쉰 그가 이어서 말했다.

"다만 목소리를 크게 내지 말고, 설교단에서 너무 무리하지 마세요. 저는 학장님이 쓰러지는 걸 원치 않습니다."

"설교 도중에 절대로 목소리를 높이지 않겠습니다."

조나단의 의지에 윌리엄이 미소를 지었다.

"그럼 내일 설교 후에 다시 살펴보겠습니다. 그러니 이제 좀 쉬세요. 휴식이 필요할 겁니다."

그가 말했다.

****

다음 날 아침, 조나단의 목구멍이 말을 못 할 정도로 뜨겁게 타올랐다. 물을 한 모금 삼키려고 할 때마다 그의 몸이 고통에 몸부림쳤다. 그가 기도했다.

"하나님, 이 세상에는 제가 끝낼 수 없는 수많은 일이 있다는 걸 압니다. 하지만 제 마지막 책인『구속 사역의 역사』는 꼭 쓰고 싶습니다. 하나님을 위해 택하신 사람들을 애굽에서 데리고 나와 약속의 땅으로 들어가게 하셨던 놀라운 방법을 책으로 쓰고 싶습니다. 저는 교회 개혁에 대해서 책을 쓰고 싶고, 예수님의 초기 제자들이 전도를 얼마나 사랑했는지 쓰고 싶습니다. 하지만 이것은 제 꿈일뿐 하나님은 다른 계획이 있으심을 압니다. 비록 지금 이곳에서 고통과 슬픔에 겨워 누워 있지만, 하나님의 뜻을 따를 수 있도록 저를 도와주세요. 하나님의 계획이 저의 계획보다 나음을 알게 도와주세요. 하나님의 계획을 제가 이해할 필요는 없습니다. 제 몸이 얼마나 아프던 간에 저는 하나님을 찬양하기로 맹세했습니다."

조나단은 숨을 고르고 다시 기도했다.

"하나님, 삼손이 죽기 전에 마지막 한 번 그에게 힘을 허락하셨습니다. 삼손은 그 힘을 많은 적을 죽이는 데 사용했지만, 만일 제게 마지막 힘을 터뜨릴 수 있게 해 주신다면 저는 힘을 내서 설교하고 영혼들을 구원하는 데 사용하겠습니다."

티모시와 루시가 아버지의 설교 준비를 도왔다. 티모시와 루시는 아버지와 함께 아버지의 설교를 듣기 위해 200여 명의 학생이 모인 예배당으로 걸어갔다. 조나단이 잔디밭을 가로질러 걷는데 그의 머릿속에 어린 시절 숲속에 온종일 나가 놀던 기억이 스쳐 지나갔다. 그는 공중에 매달려 있는 거미들을 보는 즐거움을 떠올렸다. 조나단은 그날들이 그리웠다. 그

는 집 근처 무성한 풀숲 사이로 흐르는 고요한 물소리가 나는 강이 그리웠다. 검정, 주황, 빨강 그리고 노랑 등 형형색색의 뱀들이 물에서 헤엄쳤다.

한번은 맨손으로 초록색 뱀을 거의 잡을 뻔했다. 그는 누나들보다 자신이 얼마나 빠르게 달렸는지, 그리고 가끔은 발이 몸보다 먼저 앞서나갔던 것도 기억했다. 하지만 그는 지금 예배당으로 향하는 잔디밭을 절뚝이며 천천히 걷고 있었다. 그의 눈은 침침했고 발걸음은 더뎠다.

조나단이 예배당에 들어가 설교단 위로 올라갔다. 수년간 그는 나무 설교단 뒤에 서서 성도들에게 설교해 왔다. 조나단이 성경책을 펼치자 웅성대던 예배당이 조용해졌다. 그는 잠언 말씀을 읽었다.

"여호와를 경외하는 것이 지혜의 근본이요 거룩하신 자를 아는 것이 명철이니라" 잠언 9:10.

조나단의 목소리는 약하고 거칠었다. 하지만 그는 설교하는

데 온 힘을 집중했다.

"오늘 아침에 우리는 지혜의 개념과 지혜를 얻는 방법에 대해 알아보겠습니다. 여러분은 마음속에 지식과 진리를 채우기 위해 프리스턴 대학교에 오셨습니다. 그리고 세상에는 배워야 할 진리들이 너무나도 많습니다. 제가 젊었을 때 저 역시 진리를 찾아 헤맸습니다. 저는 자연, 과학, 천문학, 그리고 수학을 공부했습니다. 우리가 읽은 말씀 구절을 쓴 솔로몬 또한 진리를 탐구한 사람이었습니다. 그는 누구보다도 뛰어난 지혜와 지식을 가졌습니다."

조나단의 눈이 앞줄의 학생들에게로 향했다. 그들은 그가 하는 말이 마지막 설교가 될지도 모른다는 것을 알고 있었다.

"그렇지만 우리가 하나님을 경외하지 않는다면, 이 세상의 모든 지혜는 아무것도 아니게 될 겁니다. 여기저기에서 새로운 발견이나 새로운 이론이 떠오를지도 모릅니다. 하지만 그것은 진정한 지혜가 아닙니다. 누가 알겠습니까? 내 친구 벤저민 프랭클린은 번개를 이용해 밤에 집을 환히 밝힐 수 있다고 했습니다. 그런데 이런 업적들도 진정한 지혜에 이르지 못합니다."

청중들은 조나단의 설교에 놀라워했다.

"오직 예수 그리스도에게 구원받은 영혼만이 진정으로 지혜로운 자입니다. 그리고 이런 지혜는 하늘에 계신 아버지와의 관계 속에서만 받을 수 있습니다."

10분 뒤 조나단은 자신이 더 길게 이야기할 수 없는 상태임을 깨달았다. 그의 몸은 서 있기에 너무 약해져 있었다.

"이제 설교를 마무리 지어야겠습니다. 그 전에 저는 여러분에게 마지막 이야기를 하나 해 드리고 싶군요. 제가 어린 소년일 때 저는 이스트 윈저에 살았는데, 저의 자매들과 숲속을 달리던 기억이 납니다."

조나단이 예배당 창문 너머의 파란 하늘을 쳐다봤다.

"그날은 무더운 여름날이었고 벌과 나비들이 사방에 날아다니고 있었습니다. 길을 따라 달려가고 있었는데, 저는 나뭇가지에 애벌레가 매달려 있는 걸 본 기억이 납니다. 애벌레는 노랗고 파란 피부색을 띠고 있었고, 고치 안에서 빙글빙글 돌면서 고치를 두껍게 만들어 가고 있었습니다. 저는 애벌레가 자신의 집인 고치 안으로 완전히 사라질 때까지 살펴봤습니다."

조나단이 기억을 떠올리며 미소를 지었다.

"학생 여러분, 하나님은 우리를 더 나은 사람으로 변화시키기 위해 고치를 사용하신다는 걸 절대로 잊지 마십시오. 하나님은 인생의 어려운 시절, 고통스러운 시간, 어두운 시기와 전쟁의 시기를 사용하셔서 우리를 예수님과 닮은 모습으로 다듬어 가십니다. 예수님도 어둠을 이해하셨다는 걸 여러분도 아실 겁니다. 예수님께서 십자가에 못 박히셨을 때, 하나님의 크나큰 진노가 예수님의 온몸에 쏟아부어졌습니다. 이때 예수님도 외로움을 느끼셨습니다. 예수님은 불 위에 매달린 거미와 같으셨고, 하나님은 그 거미줄을 자르셨습니다. 예수님은 인간의 몸으로 고통을 당하셨고, 인간의 몸으로 돌아가셨습니다. 우리 역시 죽으라는 부르심을 받았습니다. 그리스도인이 된다는 것은 하나님과의 교제를 가로막는 우리의 죄로 가득한 열망을 죽이는 겁니다. 우리의 자존심, 우리의 정욕, 우리의 탐욕을 죽이는 겁니다. 하지만 죄악의 열망을 죽이는 것이 또한 우리가 진정 사는 길입니다. 죽음의 순간에도 우리는 죽음을 이겼다고 확신할 수 있습니다. 예수 그리스도께서 십자가에 못 박히시고 무덤에 묻히셨지만 3일째 되는 날 무덤에서 다시 일어나시고 하나님 아버지가 계신 천국으로 올라가셨습니다."

조나단이 기도로 설교를 마무리하기도 전에 갑자기 쓰러졌다. 티모시가 그를 부축했다. 몇 명의 남자들이 조나단을 교회 밖으로 옮길 때까지도 예배당에 있던 학생들은 조나단의 말을 받아 적고 있었다. 남자들은 조나단을 그의 집으로 데리고 갔다. 조나단은 목구멍 안쪽에 난 수포들로 목이 매우 부어서 숨을 쉬기 어려웠다. 숨을 헐떡이며 침대에 뉘인 그는 의식이 없었고 열이 났다.

****

이후로도 3일 동안 조나단은 깨어나지 못했다. 그가 아프다는 소식이 널리 퍼졌고, 멀리서 다양한 사람들이 방문해 그를 위해 기도했다. 방문하지 못한 사람들은 긴 편지를 보냈다. 조지 화이트필드가 조나단의 상태를 전해 들었을 때, 그는 일주일간의 설교 일정을 모두 취소하고 바다 건너에 있는 친구의 건강을 위해 기도했다.

　스톡브리지에 남은 세라도 병에 걸려 남편을 만나러 올 수가 없었다. 조나단의 죽음이 임박했다는 소식을 들은 그녀는 딸 에스더에게 편지 한 장을 썼다.

사랑하는 에스더에게,

내가 무엇을 할 수 있겠니? 거룩하고 선하신 하나님께서 먹구름으로 우리를 감싸셨단다. 우리는 책망의 막대기에 입맞추는 심정이다. 이제 우리 손을 입술에 대고 침묵하자. 모두가 주님께서 하신 일이다. 하나님은 조나단을 나와 오랫동안 함께할 수 있게 해 주셔서 나로 하여금 하나님의 선하심을 찬양하게 하셨단다. 그러나 하나님은 살아계시고, 나의 마음이 그분의 손안에 있단다. 나의 남편 그리고 너의 아버지의 유산을 보렴. 우리는 하나님께 모두 드렸단다. 그리고 우리가 쉴 곳은 은혜의 품 안이란다.

진심을 담아, 세라 에드워즈

3월 22일 밤, 학장의 집은 조용했다. 조나단은 힘없이 땀을 흘린 채 누워 있었다. 조나단의 나이는 아직 쉰다섯 살밖에 되지 않았지만, 그의 삶은 주위 사람들에게 축복이 됐다. 그는 많은 사람에게 설교했고, 많은 책을 썼으며, 신대륙에 영적 각성의 불을 지폈다. 그가 자고 있는 작은 방은 그가 사역한 곳의 사람들에게서 온 편지와 선물들로 가득했다. 그중에는 교회에서 그를 떠나도록 했던 노샘프턴의 성도들로부터 온 편지도 있었다. 문득 조나단은 오른쪽 다리에 무언가 간지러운 느낌을 받았다. 며칠 만에 눈을 떠서 발을 내려다봤다. 작고 검은 거미가 그의 몸을 기어가 침대 옆 창문을 타고 올라갔다.

"만나서 반가워, 거미 선생."

조나단은 거미의 반짝이는 몸에 감탄하며 속삭였다. 그날 밤은 보름달이 떠서 방안을 밝게 비추었다. 거미가 거미집을 치기 시작했다. 조나단은 창문 꼭대기부터 밑까지 내려오는 거미의 움직임을 눈으로 좇았다. 대학에 다닐 때 그는 거미가 거미줄을 공중에 쏘았을 때 마치 날아가는 듯한 모습을 보며, 거미줄이 공기보다 가볍다는 결론을 내렸다. 조나단은 거미가 거미줄을 치는 속도로 봤을 때, 거미집을 만들기까지 며칠이

걸릴 것이라 예상했다. 하지만 그는 그것을 보기 위해 옆에 꼭 붙어 있을 필요가 없었다. 그는 완성된 거미집이 아름다울 것을 알고 있었고, 자연을 통해 하나님의 아름다움을 다시 한번 드러내셨다는 사실에 행복을 느꼈다.

"내 일은 다 끝났어, 작은 거미야. 그런데 너의 일은 이제 시작인 것 같구나."

마지막으로 고통스러운 숨을 쉰 후에 조나단은 마지막 호흡을 했다. 눈을 감는 그의 입에 미소가 걸렸다. 그가 마지막으로 본 것이 그가 사랑하고 평생을 연구했던 창조물인 바로 그 거미였다. 그리고 하나님의 뜻에 완전하게 순종하며 그날 밤 평화롭게 하늘나라로 떠났다.

다음 날 아침, 딸 루시는 아버지가 숨을 쉬지 않는 것을 발견했다. 그녀는 눈물을 터뜨리며 아버지의 죽음을 사람들에게 알렸다. 신대륙에 위대한 설교자 조나단 에드워즈가 사망했다는 이야기가 널리 퍼졌다. 대부분의 뉴잉글랜드 사람들이 조나단의 책을 통해 그를 알고 있었기에, 전 지역의 성도들이 그의 죽음을 슬퍼했다. 프린스턴 대학교에서 조나단의 장례식을 치러 줬고, 그는 이전 학장님의 묘 옆에 묻혔다.

조나단 가족의 친구인 사무엘 홉킨스Samuel Hopkins가 세라의 생각을 이렇게 묘사했다. '그녀는 남편을 잃은 크나큰 상처를 안고 깊이 슬퍼했음에도, 그의 죽음을 조용히 받아들였으며 보이지 않는 손길의 도우심으로 희망과 겸손한 기쁨을 갖고 하나님을 향한 믿음을 더 굳건히 했다.' 7개월 후에 세라는 심각한 병세에 빠져 죽음을 맞이했다. 그녀는 프린스턴 대학교에 있는 남편 묘 옆에 묻혔다.

"천국으로 가는 길은 날아오르는 길일 거야."

조나단이 세라에게 말한 적이 있었다.

"거미줄이 바람에 날아가듯이. 우리는 순례자의 오르막길이 힘들고 지칠지라도 기꺼이 여행해야 해. 천국에 가는 것은 지구상에 있는 그 어떤 좋은 곳보다도 훨씬 좋을 거야."

1 자매들과 거미들

오직 하나님만이 우리 영혼의 가장 깊은 열망을 만족시키실 수 있습니다. 시편 37:4는 이렇게 말씀하세요. "또 여호와를 기뻐하라 그가 네 마음의 소원을 네게 이루어 주시리로다". 여호와를 기뻐하라는 것은 무슨 의미일까요? 그리스도인인 우리가 하나님을 사랑하는 것을 보여 줄 수 있는 방법은 무엇일까요? 조나단은 하나님의 창조물을 관찰하고 그림을 그림으로써 하나님의 임재하심을 느꼈어요. 여러분도 조나단처럼 일기장에 하나님의 창조물을 하나씩 그려 보세요.

기도: "하나님 아버지, 하나님은 우주에 태양계를 창조하신 분입니다. 하나님께서 나무와 산과 바다를 만드신 것을 찬양합니다. 새와 거미를 만드신 하나님께 영광을 올려 드립니다. 우리가 살면서 작은 것에서 하나님의 위대하심을 발견할 수 있도록 도와주세요. 아멘."

② 습지에서의 기도

조나단은 말이 빠르고 잘 흥분하는 사람이었어요. 매일 그는 하나님께 예수님께서 우리를 사랑하신 것처럼 사람들을 사랑하는 법을 알게 해 달라고 기도했어요. 여러분은 어떤 죄로 힘들어하고 있나요? 자만심인가요? 시기 아니면 탐욕인가요? 성경은 우리의 죄를 하나님께 고백하라고 말씀하세요. "만일 우리가 우리 죄를 자백하면 그는 미쁘시고 의로우사 우리 죄를 사하시며 우리를 모든 불의에서 깨끗하게 하실 것이요" 요한일서 1:9. 여러분이 가장 고민하는 죄 두 가지를 종이에 적어 보세요. 그리고 하나님과 단둘이 있기 위해 숲속에 기도 오두막을 지었던 조나단처럼 조용한 곳을 찾아 예수님께 주님의 사랑, 자비 그리고 은혜를 달라고 기도해 보세요.

기도: "예수님, 예수님께서 우리를 구하기 위해 십자가에서 고통당하며 돌아가신 것을 압니다. 예수님을 십자가에 못 박은 우리의 죄를 용서해 주세요. 우리 마음을 깨끗하게 해 주시고 새로운 마음을 가질 수 있도록 인도해 주세요. 오직 예수님만 알고 예수님의 사랑으로만 살아갈 수 있는 마음을 제게 주세요. 아멘."

③ 음식 싸움

때로는 옳은 일을 하는 것이 어려울 때도 있어요. 조나단은 친구 엘리샤가 학교 식당에서 음식을 던지는 것을 봤어요. 선생님이 누가 그랬는지 물어보셨을 때 책임자였던 조나단은 옳은 일을 했고, 사실을 말했어요. 사실을 말하기 힘들었던 때를 떠올려 보세요. 성경은 "사람아 주께서 선한 것이 무엇임을 네게 보이셨나니 여호와께서 네게 구하시는 것은 오직 정의를 행하며 인자를 사랑하며 겸손하게 네 하나님과 함께 행하는 것이 아니냐" 미가 6:8 라고 말씀하세요. 올바르게 행하기는 절대 쉽지 않아요. 특히 친구가 곤란해질 때면 더 그럴 수 있어요. 하지만 사람들을 기쁘게 하는 것보다 하나님을 기쁘시게 하는 것이 훨씬 좋은 일이에요.

기도: "하나님, 저희 주변 사람들 모두가 그렇지 않을 때도 옳은 일을 할 수 있는 용기를 주세요. 하나님은 우리에게 겸손하게 행하라고 말씀하셨지만, 우리의 자존심 때문에 그렇지 못했던 것을 고백합니다. 제 마음을 지켜 주세요. 저의 이기적인 마음을 이길 수 있도록 도와주세요. 그리고 저희의 연약함에도 불구하고 하나님을 사랑할 수 있는 강한 마음을 주세요. 아멘."

④ 부둣가 훈련

하나님은 우리의 몸을 훈련되도록 만드셨어요. 우리는 공부하고, 기도하고, 책을 읽고, 일함으로써 우리 스스로를 훈련해요. 히브리서에는 이렇게 기록돼 있어요. "무릇 징계가 당시에는 즐거워 보이지 않고 슬퍼 보이나 후에 그로 말미암아 연단 받은 자들은 의와 평강의 열매를 맺느니라" 히브리서 12:11.

조나단은 스스로를 훈련하는 데 어려움을 겪었어요. 그는 자신의 연약한 점을 일기로 적는 것이 예수님께 더 가까워지는 방법을 깨닫는 훈련이라는 소망을 가졌어요. 여러분의 연약함을 일기에 적고 각각의 영적 훈련과 대조해 보세요. 예를 들어 소문 때문에 힘들어하고 있다면, 침묵하는 훈련을 해 보세요. 질투 때문에 힘들다면, 성경 속에서 그에 해당하는 구절을 찾아 묵상해 보세요. 여러분의 훈련에 믿음을 갖고 있다면 분명 얼마 지나지 않아 나아지는 모습을 볼 수 있을 것이고, 여러분의 삶이 예수님을 조금 더 닮게 될 거예요.

기도: "하나님 아버지, 죄악으로 가득 찬 우리의 관심을 통제할 수 있도록 인도해 주시길 기도합니다. 우리가 몰랐던 것들을 깨닫게 하시는 기도와 금식, 묵상과 같은 가르침을 주셔서 감사합니다. 하나님 아버지의 거룩한 뜻에 따라 이 땅에 오신 예수 그리스도를 통해 온전한 가르침을 보여 주신 하나님을 찬양합니다. 우리가 내려놓지 못하는 것에서 우리를 건지시고, 예수님의 형상대로 저희를 계속 이끌어 주세요. 아멘."

5 되찾는 건가

마지막으로 심각하게 아팠던 적이 언제인가요? 아팠을 때 얼마나 힘들었는지 기억하나요? 삶이 고통스러울 수도 있지만, 하나님은 우리를 보호하려고 고통을 주셨어요. 만일 여러분이 고통을 느끼지 못한다면 우리는 몸을 다쳐도 알지 못

할 거예요. 또 하나님은 주님의 임재하심을 보여 주려고 고통을 경험하게 하기도 하세요. 시편은 이렇게 말씀해요. "고난 당하기 전에는 내가 그릇 행하였더니 이제는 주의 말씀을 지키나이다" 시편 119:67. 조나단은 종종 병을 앓았어요. 그는 고열, 과로로 인한 탈진, 그리고 말년에는 천연두로 고통받았어요. 그렇지만 조나단은 병에 걸린 것이 그저 어둡고 고통스럽고 슬픈 순간임을 이해했으며, 예수님께서 가장 밝은 빛이심을 알았어요. 고통이 어떻게 여러분을 하나님께로 향하게 했었나요?

기도: "예수님, 오늘 저희의 고통과 아픔을 예수님께 고백합니다. 저희는 죄 없으신 예수님께서 하셨던 것처럼 힘든 상황을 이겨 낼 능력이 없음을 고백합니다. 어려운 상황에서도 예수님을 신뢰할 수 있는 믿음을 주세요. 예수님께서 저보다 앞서가셨으며, 우리 뒤에도 계시고 옆에도 계십니다. 주께서 우리의 인생 여정에 함께해 주심에 감사합니다. 아멘."

6 심판의 날

성경책은 예수님과 구원을 알게 하시려고 우리에게 주신 하나님의 말씀이에요. 또한 우리가 어떻게 살아야 하는지 훌륭한 조언을 담고 있기도 해요. 잠언 1:7에서 "여호와를 경외하는 것이 지식의 근본이거늘"이라고 말씀하고, 또 마가복음 12:31에는 "네 이웃을 네 자신과 같이 사랑하라"고 말씀하해요. 이런 진리의 말씀에 순종하면서 우리는 예수 그리스도의 형상을 닮아 가게 돼요. 여러분이 가장 좋아하는 성경 구절은 무엇인가요? 그 구절을 오늘 여러분의 삶에 적용하기 가장 좋은 방법이 무엇일지 생각해 보세요.

기도: "하나님, 성경 말씀을 통해 우리와 대화해 주셔서 감사합니다. 하나님께서 우리에서 바르게 생각하고, 행동하고, 살며 사랑하는 법을 보여 주셨습니다. 하루하루가 하나님께서 주시는 축복인 것을 압니다. 성경책을 읽고자 하는 더 깊은 마음을 주시기를 기도합니다. 진리를 더 잘 이해할 힘을 주세요. 그래서 복음의 기쁜 소식을 우리가 만나는 모든 사람에게 나눌 수 있도록 도와주세요. 아멘."

7 각성 운동

교회 가는 것이 일주일의 가장 신나는 일일 수 있어요. 시편은 이렇게 말씀해요. "기쁨으로 여호와를 섬기며 노래하면서 그의 앞에 나아갈지어다" 시편 100:2. 조나단은 교회 가는 것을 좋아했어요. 그는 설교와 찬양을 통해 예수님께로 나아오는 사람들을 보는 것을 좋아했어요. 그는 교회에 있지 않을 때도 여전히 하나님을 예배했어요. 숲속을 거닐 때도, 목초지를 가로질러 달리는 마차 안에서도, 그는 하나님의 영광이 드러난 것을 봤고, 하나님의 임재 안으로 들어갔어요. 여러분은 교회 바깥에서 어떻게 하나님을 예배하나요?

기도: "하나님, 저의 마음속에 깨달음을 주세요. 하나님을 더 보여 주셔서 제가 하나님을 더 사랑하고 더 잘 섬길 수 있도록 해 주세요. 우리가 날마다 하나님을 예배함으로 하나님의 진리 속으로 들어갈 수 있도록 인도해 주세요. 주일을 주시고 우리가 쉴 수 있도록 해 주심을 감사합니다. 성령님께서 지금부터 영원까지 우리의 마음이 예수님으로 인해 떨리게 해 주시기를 기도합니다. 아멘."

8 마지막 모히칸

최근에 예수님을 다른 사람에게 전한 것이 언제인가요? 예수님께서 천국으로 올라가시기 전에 제자들에게 말씀하셨어요. "또 이르시되 너희는 온 천하에 다니며 만민에게 복음을 전파하라" 마가복음 16:15. 다른 사람에게 하나님의 사랑을 전하기란 쉽지 않아요. 조금 이상하고 무섭게 느껴지기도 해요. 하지만 하나님은 우리와 함께하겠다고 약속하세요. 하나님께서 성령님을 우리에게 보내 주겠다고 약속하세요. 예수님께서 말씀하셨어요. "오직 성령이 너희에게 임하시면 너희가 권능을 받고 예루살렘과 온 유대와 사마리아와 땅 끝까지 이르러 내 증인이 되리라 하시니라" 사도행전 1:8. 조나단은 사람들에게 예수님에 관해 말하기를 좋아했어요. 노샘프턴 교회가 그에게 떠나기를 요청했을 때, 조나단은 과감하게 그 교회를 떠나기로 결단하고 모호크족 인디언들에게로 들어가서 설교 사역을 했어요. 하나님께서 그들에게도 복음을 전하길 원하신다는 것을 알았기 때문이에요. 오늘 복음을 나눌 한 사람을 찾아보세요. 친구일 수도 있고, 이웃 또는 가족 중 한 명일 수도 있어요. 여러분의 삶에 주어진 위대한 지상 명령에 순종하며 따를 때 하나님께서 힘을 주시기를 기도하세요.

기도: "예수님, 이 어둡고 죽어가는 세상에서 우리가 주님의 진리의 빛을 선포할 때 주님은 우리에게 성령님의 능력을 주겠다고 말씀하셨습니다. 예수님의 이름을 들어보지 못한 사람들에게 주님의 이름을 높일 때에 우리에게 용기를 가득 채워 주세요. 잃어버린 양들에게 주님의 사랑을 전할 때 주님의 능력으로 저희를 감싸 주세요. 우리의 집이 아닌 이 세상에서 저희의 손과 발이 되어 주시고 계속해서 저희를 도와주세요. 아멘."

9 변화의 시간

우리의 삶에 하나님께서 계획하신 뜻이 무엇인지 어떻게 알 수 있을까요? 조나단은 프린스턴 대학교의 학장 자리를 제안받았어요. 하지만 그는 어떻게 해야 할지 몰랐어요. 성경은 이렇게 말씀해요. "너희는 이 세대를 본받지 말고 오직 마음을 새롭게 함으로 변화를 받아 하나님의 선하시고 기뻐하시고 온전하신 뜻이 무엇인지 분별하도록 하라" 로마서 12:2. 우리는 모두 매일 결정을 하며 살아요. 결정해야 할 것 중 하나를 골라 그것에 대해 기도하세요. 하나님께 주님의 뜻을 알게 해 달라고 기도하세요. 하나님은 언제나 우리에게 변화하라고 말씀하신다는 사실을 기억하세요.

기도: "하나님, 오늘 하나님 앞에 나와 큰 결정을 내리는 데 어려움을 겪고 있음을 고백합니다. 이 세상은 주님의 다스리심 아래에 있다는 믿음을 갖게 도와주세요. 말씀 안에서 하나님의 계획은 완전하고 또 그 계획을 기뻐하심을 우리가 깨닫게 해 주세요. 하나님의 신성한 계획안에 우리를 포함하시고 하나님의 자녀로 삼아 주셔서 하늘의 집에 들어갈 수 있게 해 주시니 감사합니다. 하나님은 가장 뛰어난 선생님이시며, 제자로서 우리가 말씀에 순종하기를 원하고 하나님의 말씀을 더 주의 깊게 듣기 원합니다. 아멘."

10 다시 사는 삶

여러분은 천국의 집을 그리워하고 있나요? 하나님은 지금의 삶 이후에 우리에게 더 훌륭하고 풍성한 삶을 약속하셨어요. 예수님께서 제자들에게 말씀하셨어요. "내 아버지 집에 거할 곳이 많도다 그렇지 않으면 너희에게 일렀으리라 내가 너희를 위하여 거처를 예비하러 가노니 가서 너희를 위하여 거처를 예비하면 내가 다시 와서 너희를 내게로 영접하여 나 있는 곳에 너희도 있게 하리라" 요한복음 14:2-3. 그리스도인은 언젠가 다시 살 것처럼 살아야 해요. 우리는 조나단의 눈이 하늘을 향해 있던 것처럼 우리의 삶을 바라보며 살아야 해요. 조나단의 삶이 끝나가고 있을 때 그는 구세주를 직접 만날 준비가 되어 있었어요. 여러분은 천국이 어떤 곳일지 궁금해 한 적이 있나요? 여러분은 구세주를 간절히 기다리며 인생을 살아가고 있나요? 친구 관계, 결정, 기도하는 습관이 여러분의 삶에 어떤 영향을 끼치고 있나요? 일기장에 여러분의 생각과 기도를 적어 보세요. 여러분의 생각을 하나님께 고정하세요. 그러면 하나님께서 여러분의 걸음을 인도하실 거예요.

기도: "온 세계의 창조자이시며 관리자이신 하나님 아버지, 하나님께서 모든 것의 기준이십니다. 하나님의 자비를 베풀어 주심에 감사합니다. 하나님의 인자하심을 찬양합니다. 우리에게서 교만함을 없애 주시고, 주님의 말씀을 떠나 방황할 때 우리를 회복시켜 주세요. 이 땅에서 빛으로 살아가도록 가르쳐 주시고, 또 다른 삶이 있다는 것을 알게 해 주세요. 우리에게 매일 새로운 은혜를 부어 주세요. 그리고 하나님을 마주할 수 있는 천국에 우리를 위한 자리를 예비해 두셨다는 사실을 계속 깨닫게 해 주세요. 우리의 통치자이시며 구원자이신 예수 그리스도의 이름으로 기도합니다. 아멘."

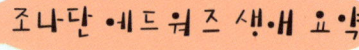
조나단 에드워즈 생애 요약

　조나단 에드워즈는 1703년에 미국에서 태어나 1758년에 하나님 곁으로 갔다. 그는 설교자, 교사, 작가이자 대학교 학장이었으며 자연과 수학, 과학을 사랑했다. 그의 인생 목표는 사람들에게 하나님의 영광을 선포하고, 구원의 복음을 증거하는 설교를 함으로써 하나님을 높이는 것이었다.

　조나단은 열세 살 때 예일 대학교에 다녔으며, 뉴욕과 코네티컷 주에서 설교자가 됐고, 신대륙 전체에 퍼진 부흥 운동에 큰 영향을 끼쳤다. 조나단은 코네티컷 주 노샘프턴의 교회를 떠난 이후로 스톡브리지로 옮겨가 모호크족 인디언들을 상대로 사역했다. 이후 그는 프린스턴 대학교로부터 학장으로 초대를 받았고, 도착한 지 얼마 안 되어 천연두 예방 주사를 맞고 죽음을 맞이했다.

　조나단은 평생 16권의 책 그리고 수백 개의 설교문과 글을 썼다. 그의 설교문 중 가장 잘 알려진 것은 「진노한 하나님의 손에 붙들린 죄인들」이며 책 중에는 『신앙과 정서』가 제일 유명하다. 조나단은 인디언들에게 복음 증거 사역을 펼친 데이비드 브레이너드의 전기를 저술함으로써, 그의 명성을 폭넓게 알려지게 했다. 조나단이 살던 시대와 오늘날까지도 그는 하나님의 사랑, 자비, 은혜를 알고자 하는 사람들의 마음과 삶에 거대한 부흥의 불을 일으킨 미국의 천재, 철학자, 신학자로 기억되고 있다.

조나단 에드워즈 소개글

　조나단 에드워즈는 작가이자 설교자다. 그리고 뉴잉글랜드 전역에 걸쳐 영적인 깨달음의 불씨를 피워 준 선교사였다. 에드워즈는 과학적 발견이 활발하던 시대에 하나님의 아름다움이 자연에서 가장 완벽하게 나타나고 있음을 봤다. 그의 일기는 식물과 동물, 특히 거미들 그림으로 가득 찼다. 각각의 생물들이 이 모든 것을 창조한 하나님을 반영하고 있음을 알았기 때문이다.

　에드워즈는 단 한 번도 강단 위에서 자신의 목소리를 높인 적이 없었다. 그러나 하나님은 에드워즈의 명료하고 확실한 생각을 사용해 수천 명의 사람이 그들의 삶을 예수님께 내어 드리도록 설득하게 하셨다. 지적인 면에서 에드워즈의 천재성에 견줄 만한 사람이 몇 없었다. 그는 열세 살 때 이미 대학에 갈 준비가 되어 있었다. 에드워즈는 사역과 가정을 포함한 삶의 모든 순간에 하나님의 영광을 외쳤다. 또한 엄격한 자기단련과 기도, 하나님의 임재하심에서 오는 거대한 환희로 자신의 삶을 다스렸다. 벤저민 B. 워필드Benjamin B. Warfield는 그에 대해 놀랍게도 이렇게 표현했다. '조나단 에드워즈는 성인이자 철학자, 종교 부흥 운동가 그리고 신학자로서 미국이 독립하기 이전 시대에 최고의 지성을 발휘하는 삶을 살았던 위대한 인물이었다.'

 조나단 에드워즈 연대표

1703   미국에서 출생함

1707   스코틀랜드와 잉글랜드 두 왕국이 연합해 대영제국(The Kingdom of Great Britain)이라는 새 국가를 형성함

1716   예일 대학교 입학함

1720   예일 대학교 졸업함

1721   천연두 예방 접종이 처음 시행됨

1722-23   뉴욕에서 설교함

1724-26   예일 대학교에서 강의함

1727   노샘프턴 장로교회에서 안수받음

           세라 피어폰트와 결혼함

1733	노샘프턴에서 종교 부흥 운동이 시작됨
1739-40	대 각성 운동이 일어남
1741	「진노한 하나님의 손에 붙들린 죄인들」을 설교함
1747	데이비드 브레이너드가 노샘프턴으로 조나단 에드워즈를 방문함
1748	노샘프턴 성도들과 작별함
1749	『데이비드 브레이너드의 생애 이야기』가 출판됨
1751	인디언 마을이 있는 스톡브릿지에서 사역을 시작함
1758	프린스턴 대학교의 학장 자리를 제안받음
	천연두 예방 접종 후 사망함

저자의 노트

조나단 에드워즈가 죽은 지 300년이 넘었지만, 사람들은 아직 그를 기억한다. 그의 책은 하나님을 깊이 알기 원하고 신실하게 예배를 드리고자 하는 사람들의 가슴과 마음에 각성의 불을 계속해서 지펴 주고 있다. 에드워즈는 문학과 과학적 업적이 많았던 시대에 강력한 영적 사상가였다. 하지만 그의 천재성은 하나님의 존재를 논증하는 능력에 있는 것이 아니라, 하나님의 주권과 인간의 노력이 잘 어우러지게 하는 능력에 있었다. 에드워즈는 현실을 초월한 하나님의 절대적인 통치권과 주권에 대해 절대적인 신뢰를 갖고 있었다. 조나단은 성도들에게 존재 의미를 부여하시며 풍성하게 은혜를 베푸시는 하나님을 기억하고 그 하나님을 존귀히 여기라고 권면했다. 그는 이런 말을 남겼다. '은혜는 영광의 시작에 불과하고, 영광은 은혜의 완성에 불과하다.'

여호와를 경외하는 것이 지혜의 근본이요
거룩하신 자를 아는 것이 명철이니라

잠언 9:10

부흥의 불꽃을 일으킨 천재 신학자

조나단 에드워즈

지은이 | 크리스티안 티모시 조지
옮긴이 | 박상현
그린이 | 조시내

초판 1쇄 | 2022년 8월 18일

발행인 | 김경섭
국제총무 | 최복순
총무 | 김현욱
협동총무 | 김상현
편집부 | 고유영(편집실장), 허윤희(편집), 박은실(디자인), 김성경
인쇄 | 영진문원

발행처 | 묵상하는사람들
등록번호 | 20-333
일부총판 | 생명의말씀사 Tel. (02) 3159-7979 Fax. 080-022-8585

주소 | 서울특별시 서초구 청룡마을길 8-1(신원동) (우) 06802
전화 | (02) 588-2218   팩스 | (02) 588-2268
홈페이지 | www.precept.or.kr
국민은행 772-21-0310-382(김경섭)
2022 ⓒ 묵상하는사람들

값 9,800원
ISBN 978-89-8475-825-4 74230
     978-89-8475-645-8 74230(세트)

독자 여러분의 의견을 기다립니다.
독자 전화 (02) 588-2218 / pmnqt@hanmail.net